AF342969

BIBLIOTHÈQUE NATIONALE
IMPRIMÉS

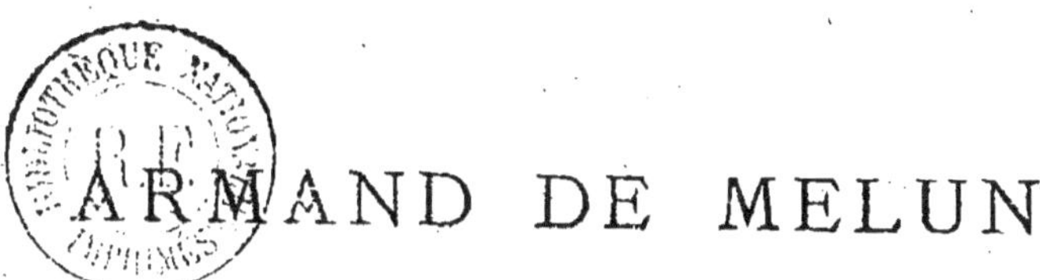

ARMAND DE MELUN

Ln27 46241

OUVRAGES DE LA MÊME SÉRIE

Petits in-8°, de 120 pages.

Vie de Notre Seigneur Jésus-Christ.
La Vénérable Jeanne d'Arc.
Henri de la Rochejaquelein.
Le Vénérable J.-B.-M. Vianney, CURÉ D'ARS.
Notre-Dame de Lourdes.
Le Général de Pimodan.
Le Diable dans le monde.
Comment on devient un Homme.
Les Merveilles de la Médaille miraculeuse.
Les Merveilles de l'Ave Maria.
L'Esprit et le Cœur dans le langage de la France.
L'Espérance des Désespérés.
Les Merveilles du Sacré Cœur.
Les trois Filles du Ciel.
Les Fils des Croisés.
Un Patron Chrétien et Apôtre.
Honneur et Dévouement.
Armand de Melun

ARMAND
de Melun

PAR

L'Abbé ADAM

ABBEVILLE

C. PAILLART, IMPRIMEUR-ÉDITEUR

1898

Pour plus de détails voir : *Le Vicomte de Melun, d'après
ses mémoires et sa correspondance,* par Mgr Baunard,
Recteur de l'Université catholique de Lille (Paris, librairie
Ch. Poussielgue, 15, rue Cassette), et *La Vie charitable
de M. de Melun,* par Alexis Chevallier.

ARMAND DE MELUN

CHAPITRE PREMIER

L'Enfant et l'Étudiant.

Armand de Melun naquit le 24 septembre 1807 au château de Brumetz, petit village de trois cents âmes, dans le département de l'Aisne. Un frère jumeau lui fut donné et l'on verra avec admiration combien leur vie, si intimement liée dès son origine même, demeura toujours fondue dans l'union la plus parfaite de pensées et de sentiments.

La famille de Melun appartenait à la plus belle noblesse. La gloire n'était pas le seul partage de cette famille, car la vertu y brillait aussi d'un vif éclat. La charité et la bienfaisance y étaient de tradition.

Armand devenait donc l'héritier d'un trésor de gloire et de vertus dont il ne devait pas se montrer indigne, comme nous allons le voir. Son père, le comte François de Melun avait épousé Amélie de Faure, femme d'un mérite supérieur par l'intelligence et par le cœur. Sa mère avait demandé à la Sainte Vierge de bénir son mariage et le 24 septembre 1807, elle mettait au monde deux jumeaux dont le premier reçut le nom d'Anatole, le second le nom d'Armand.

Les années suivantes elle donna successivement
le jour à trois filles et se trouva ainsi absorbée par
ses devoirs maternels.

Les deux jumeaux dont la ressemblance frappante
pouvait permettre de les confondre, grandissaient
sous la surveillance de leurs parents. Quand ils
furent âgés de sept ans, on les plaça à Paris, dans un
collège. C'était l'époque des Cent-Jours. L'agitation
était si grande qu'elle se faisait sentir jusque dans
les écoles. Aussi leurs études laissaient fort à désirer
et si les deux frères étaient jumeaux par la naissance, ils l'étaient aussi par l'ignorance comme par
l'espièglerie, et les dernières places de toutes les
proclamations leur revenaient invariablement. On
les retira du collège pour les mettre en pension chez
M. de Stadler, dont la maison était fort en vogue et
où se trouvaient beaucoup de fils de famille. Les
études des deux frères ne gagnèrent pas au change
tout d'abord et leurs espiègleries formeraient une
longue chronique. Ils étaient de toutes les révoltes
et de toutes les expéditions de nuit comme de jour.

On les plaça enfin dans un pensionnat de la rue
Cassette. C'était l'année même de leur première
communion. Aussi ce fut un changement complet.
Ils étaient sous la direction spirituelle de l'abbé
Gallard qui devint plus tard archevêque de Reims.
Ils suivaient en même temps les catéchismes de
Saint-Sulpice, dirigés alors par l'abbé de Salinis,
futur archevêque d'Auch, l'abbé de Scorbiac et
d'autres aussi célèbres. La première communion fut
véritablement pour le jeune Armand une révélation
de la vie et une transformation de tout lui-même.
Les vacances et le séjour dans un milieu essentielle-

ment chrétien, en compagnie de leur pieuse mère et de leurs sœurs, achevèrent cette œuvre commencée.

L'année qui suivit leur première communion, on les fit entrer au collège Sainte-Barbe, devenu collège Rollin. Ils y firent de rapides progrès, dans les sciences et les lettres. Mais l'atmosphère n'était plus là même au point de vue moral et religieux, quoique cette maison fût alors le meilleur des autres collèges.

Un jour en philosophie, il prit aux élèves, en l'absence du maître, la fantaisie de mettre aux voix l'existence de Dieu. La question passa à la majorité d'une voix. Et pourtant chacun de ces jeunes gens allait devenir un personnage et jouer un rôle important dans la société : Alfred Nettement, Désiré Nisard, et tant d'autres.

Aussi ce milieu pesait beaucoup à Armand, et il avait hâte d'en sortir. L'heure approchait du reste de choisir une carrière. Anatole, plus incliné vers les sciences mathématiques, voulut se préparer à l'école Polytechnique. Armand choisit le droit.

Ils allaient continuer leurs études à Paris, mais non plus ensemble, sans toutefois cesser d'être intimement unis par le cœur.

C'était donc en 1825, époque si troublée pour la France avec toutes les querelles du romantisme, de l'éclectisme et du gallicanisme. Les sciences, les arts et les lettres étaient florissants, mais c'était une époque de fièvre, dont bien des jeunes gens devaient fatalement subir l'influence.

Armand cependant était heureux. Les deux frères vivaient ensemble à Paris, la plus grande partie de l'année. Une vieille servante du château paternel veillait sur eux et leur prodiguait ses soins.

Le théâtre, moins mauvais que de nos jours et où Talma, sur son déclin pourtant, passionnait les foules, attira nos jeunes gens mais sans causer de préjudice à leur âme. La politique passionna davantage notre jeune Armand, légitimiste ardent et convaincu. Mais il en fut bientôt distrait. Ses parents venaient de s'établir à Paris où ses sœurs allaient faire leur entrée dans le monde. Armand était de toutes les soirées et de toutes les fêtes du grand monde.

Mais il comprit bientôt le vide de cette agitation tout honnête qu'elle fût. Il se félicita donc de la rencontre de M. l'abbé de Rohan, qu'il avait connu autrefois aux catéchismes de Saint-Sulpice. L'abbé reçut les deux frères chez lui et s'occupa de leur donner une direction.

Armand venait de passer son examen de licence en droit. Sa thèse fut fort remarquée. Il prit rang au barreau de Paris, dont le bâtonnier était alors M. Dupin. Bientôt même, grâce aux démarches de l'abbé de Rohan, il fut nommé substitut à la Cour de Besançon, où l'abbé venait d'être lui-même nommé évêque. Mais il refusa, sans cependant rien perdre des bonnes grâces du nouvel évêque.

Son frère était alors à l'école d'artillerie de Metz. Armand alla passer un mois près de lui. Leur ressemblance était si grande qu'un jour le jeune officier fut mis aux arrêts comme coupable d'être allé au théâtre en habits civils. Armand n'eut pas de peine à dissiper la méprise. Il partageait la vie de son frère et se laissa aller au jeu. Il y fut malheureux, perdit tout l'argent de son voyage, dut emprunter et avouer sa faute et sa dette à ses parents. C'en fut assez pour le guérir radicalement.

De Metz, la diligence conduisit Armand à Besançon, où l'archevêque, Mgr de Rohan, l'attendait. Cette visite archiépiscopale forma contraste avec celle, toute militaire, qu'il venait de faire à l'Ecole de Metz. Les fêtes et les joies étaient exclusivement religieuses : c'étaient des consécrations d'églises, des bénédictions de cloches, des confirmations, des visites aux paroisses et aux monastères, avec la pompe du rituel romain et des offices pontificaux.

Ces fêtes furent cependant troublées par un évènement tout à fait inattendu. L'archevêque avait annoncé que Madame de Montalembert, femme de notre ambassadeur en Suède, allait traverser Besançon avec son fils aîné et sa plus jeune fille malade, qu'elle conduisait en Suisse pour y chercher la guérison. Tout à coup on apprend qu'elle était déjà arrivée la veille au matin, et que la pauvre enfant était morte après avoir reçu les derniers sacrements de la main même de l'archevêque. Cette nouvelle produisit une pénible émotion dans la ville. Le prélat, qui les connaissait depuis longtemps, recueillit dans son palais la mère et le frère si cruellement éprouvés ; et le lendemain eut lieu le convoi de la jeune fille, auquel tout le monde voulut assister. « Le pauvre Charles de Montalembert, dit Armand, le suivit avec l'expression déchirante de la plus profonde douleur, et fit graver sur la tombe de sa sœur cette inscription touchante : *Elisabeth de Montalembert, morte à quinze ans. — Erat enim dilecta Deo.* C'est à ce douloureux incident de sa jeunesse que se rattache le commencement d'une liaison entre nous qui ne devait finir qu'avec sa vie. »

CHAPITRE II

La Révolution de 1830. — Voyages.
Relations avec Madame Swetchine et la sœur Rosalie.

A son retour de Besançon, Armand trouva Paris bouleversé par l'émeute. Sa nature ardente et ses convictions le poussèrent à assister curieusement aux évènements. Il n'était pas sans inquiétude pour sa mère et ses sœurs qui arrivaient de Lyon. Mais leur voyage s'accomplit heureusement. Puis ce fut une nouvelle inquiétude pour son frère qui arrivait par la route de Meaux. Il partit à sa rencontre et fut même arrêté par une troupe de paysans en armes, mais sans incident fâcheux.

Il fut témoin des horreurs de la Révolution et du sac de l'Archevêché.

« Un jour de carnaval (13 février 1831), j'étais, dit-il, allé me promener sur les boulevards, assez ému des bruits qui s'étaient répandus à la suite d'une réunion de royalistes à Saint-Germain-l'Auxerrois, autour du catafalque du duc de Berry, dont on célébrait le funèbre anniversaire. Sur mon chemin j'avais rencontré des troupes de masques plus ou moins révolutionnaires, dont les costumes de mauvais goût laissaient voir que la police était peu sévère. Il y avait là ce bruit et cette foule qui alors signalaient les jours gras, et ces divertissements échevelés sen-

taient le dévergondage du moment, d'ailleurs sans
aucune apparence de révolte ; mais à mesure que
l'on descendait du côté des quais, les paroles étaient
d'une autre nature, les visages avaient une autre
physionomie. Arrivé au quai, j'aperçus la garde
nationale l'arme au pied, regardant d'un air d'indifférence passer dans la Seine des livres, des meubles,
des ornements pontificaux que les envahisseurs
avaient arrachés à l'archevêché et jetés à l'eau. Une
partie de la foule applaudissait, l'autre se taisait et
semblait inquiète de ce vandalisme ; seule une
pauvre vieille femme levait les bras au ciel et mau-
dissait à haute voix une pareille profanation. En
regardant du côté de l'archevêché, le spectacle était
saisissant : une fourmilière d'hommes en blouse, en
veste, en habit, s'acharnait après le monument,
qu'elle couvrait littéralement de haut en bas, arra-
chant les pierres, tordant les barreaux de fer, se ser-
vant des poutres comme de béliers et brisant tout
avec la puissance irrésistible du feu ou de l'inonda-
tion. A chaque instant, on entendait craquer les
vitres des fenêtres arrachées et tomber des pans de
murailles ; des nuages de poussière s'élevaient
comme la fumée d'un vaste incendie ; le mouvement, le bruit, la destruction ne s'arrêtaient pas, les
démolisseurs semblaient armés d'une force et d'une
fureur infernales ; rien ne résistait à leurs coups,
rien ne fatiguait leur ardeur. Les masques, les pro-
meneurs, cette multitude qui, aux jours de fête,
remplit les rues de Paris, avait fini par faire cercle
autour de l'archevêché : on criait bravo aux coups
les plus énergiques, on acclamait aux démolitions
les plus complètes.

« Pour moi je frémissais devant cette édition nouvelle de la première révolution, qui s'essayait aux pierres avant d'en arriver aux hommes, qui détruisait l'archevêché pour atteindre l'archevêque, coupable de dévouement à la dynastie déchue, et frappait la religion, que l'on accusait de travailler à rétablir la royauté. Le lendemain, le gouvernement eut honte de ce qu'il avait laissé faire ; les autorités se rejetèrent mutuellement la responsabilité de leur inaction ; mais personne ne fut inquiété ni poursuivi. L'archevêque dut se cacher jusqu'au moment où il reparut dans la chaire de sa cathédrale pour plaider la cause des orphelins du choléra, et de l'archevêché il ne resta plus que le souvenir d'une vengeance populaire que rien ne justifiait et d'un acte de stupide violence demeuré impuni. »

Tous ces excès le dégoûtèrent des fonctions officielles. Un incident de famille fut pour les deux frères l'occasion d'un voyage en Allemagne. Pendant la guerre de Belgique en 1832, Anatole de Melun se trouvait au siège d'Anvers. Il faisait partie comme lieutenant de la 12e batterie d'artillerie. La famille de Melun suivait les opérations avec anxiété. Le journal racontant la fin du siège signala que le lieutenant de la 12e batterie avait eu le bras emporté. La famille était au désespoir. Armand courut aux renseignements et apprit avec la plus profonde émotion que son frère était sauf et qu'il s'agissait d'un autre lieutenant qui l'avait remplacé quelques minutes auparavant. La joie des deux frères en se retrouvant fut si grande qu'ils voulurent faire un voyage ensemble. Ils visitèrent rapidement l'Allemagne et la Hollande.

L'été suivant, en 1834, Armand parcourut la Suisse, visita la Chartreuse, puis la Savoie. Ce voyage eut une grande influence sur sa vie. Il fut saisi d'admiration et d'une sainte émulation au récit des œuvres de charité qu'accomplissaient les religieux du Mont-Saint-Bernard. Le contact de la belle nature avait déjà préparé son âme et la rendait plus sensible aux inspirations de la grâce. Mais il attendait encore la manifestation du dessein de la Providence sur lui.

Après quelques mois donnés aux lettres et aux sciences, il se trouva aux prises avec la question religieuse. Les objections qu'il rencontrait chez les philosophes et dans les ouvrages qu'il parcourait ébranlèrent ses convictions. Mais il eut le bon sens d'étudier l'Eglise et la religion non pas dans les livres de ceux qui attaquent toute croyance, mais dans les écrits des Pères et des Docteurs. Malgré tout le combat fut long et pénible. Un scepticisme étouffant l'étreignait. Il finit enfin par revenir aux croyances de sa mère et au catéchisme. Il retrouva la lumière et la paix.

Il retira de cette crise le besoin d'occuper sa vie et de faire quelque chose. Ses convictions politiques lui interdisaient les carrières administratives. Son honnêteté et ses scrupules l'éloignaient du barreau. Il avait horreur des émotions de commande. Il avait accepté une place d'administrateur dans les chemins de fer qu'on créait à cette époque. Un achat de conscience d'un ministre le dégoûta. Qu'allait-il donc faire ?

A cette époque des hommes ardents, des laïques combattaient en faveur de la religion, les uns par la parole et la plume, d'autres par les œuvres de charité. Armand entra dans cette milice généreuse et ardente, mais pour travailler dans le dévoûment et le silence. Il prit rang dans la société de Saint-Vincent de Paul qui venait de se fonder. Désormais sa vie avait un but. Nous allons voir comment Armand de Melun sut se dévouer.

Armand de Melun par sa naissance et sa condition se trouvait mêlé à la haute société. Dans les salons qu'il fréquentait, il rencontrait les célébrités de l'époque : Villemain, Sainte-Beuve, Litz, le futur P. Hermann, Thiers, de Cavour, de Tocqueville... Une rencontre qui devait avoir sur sa vie une profonde influence fut celle de Madame Swetchine, dans l'hiver de 1833 à 1834. Cette noble femme, Russe d'origine, avait alors cinquante ans. Elle s'était convertie au christianisme et professait courageusement sa foi.

« Son salon, dit Mgr Baunard, était celui où régnait le catholicisme le plus militant et le plus conquérant à cette époque ».

De jeunes et ardents esprits, Lacordaire, Montalembert, Falloux, y dressaient leurs plans de bataille pour la défense de la liberté de l'Eglise. M. de Chateaubriand y représentait la poésie du christianisme et y lisait quelques fragments de ses *Mémoires* ; le baron de Gerando y dissertait sur les œuvres de bienfaisance publique ; M. Bautain y parlait philosophie chrétienne ; Ballanche y rêvait palingénésie sociale ; le savant baron d'Eckstein, directeur du *Catholique,* y montrait les vestiges de notre religion subsistant dans l'Inde antique, tandis que dom Guéranger venait s'y encourager au rétablissement des Bénédictins et à l'unification de la prière publique. C'était là qu'en petit comité l'abbé de Genoude caressait complaisamment sa chimère du relèvement du trône par l'appel au peuple. Alexis de Tocqueville, admis dans ce cercle, y apportait des opinions politiques et religieuses d'une toute autre nature ; mais Madame Swetchine aimait en lui l'honnêteté d'une belle intelligence éprise d'un sincère amour pour la liberté, et Tocqueville lui-même confessait qu'il se sentait devenir plus chrétien à la parole d'une femme « dans laquelle, disait-il, il trouvait la sainteté réunie au génie. » Un salon dans lequel se rencontrait une pareille réunion d'hommes distingués ne pouvait manquer d'exercer une grande attraction sur M. de Melun.

Il fut présenté à Madame Swetchine par la comtesse de Virieu, une de ses meilleures amies.

On peut dire que le charme fut réciproque et la sympathie mutuelle, car dès ses premières visites à cette femme éminente Armand put voir quel chemin rapide il avait fait dans son affection. « Bientôt, dit-il, je pris la douce habitude de regarder sa maison comme la mienne et d'y passer à peu près toutes les soirées et souvent une partie de la matinée... Lorsqu'après une très grave maladie j'eus une rechute à Paris, elle vint, jusqu'à l'arrivée de mes parents, s'établir dans ma chambre solitaire et remplacer pour moi tous les chers absents. Si je partais pour la campagne, elle me faisait ma provision de livres, tirait de sa bibliothèque ceux qui pouvaient le plus m'intéresser, y insérait toujours à la première page quelques pensées de religion et d'amitié, me faisant promettre de lui rendre compte de mes

impressions dans des lettres qui n'attendaient jamais
leur affectueuse réponse. »

Madame Swetchine qui était devenue, comme on
le sait, une seconde mère pour l'abbé Lacordaire,
voulut aussi servir de guide et de conseil à Armand
de Melun. Ils entrèrent dès lors en correspondance
et en relations plus étroites et plus suivies. Armand
avait en elle une confiance toute filiale. C'est ainsi
qu'il lui disait ses inquiétudes au sujet d'Anatole son
frère, dont le séjour dans les casernes avait ébranlé
les convictions religieuses. C'est à elle aussi qu'il
dit sa joie de voir son frère revenir lui aussi à la
croyance de son enfance. Madame Swetchine de son
côté lui prodiguait son dévouement. Elle le soigna
chaque jour pendant une maladie qu'il fit à cette
époque. Elle le guidait dans ses études, l'encourageait et l'avertissait du danger. Il avait formé le
dessein d'un grand ouvrage, il y renonça ; sa vocation n'était pas de faire des livres mais d'agir.

Madame Swetchine lui avait souvent parlé de la
sœur Rosalie dont le dévoûment était légendaire au
quartier Saint-Médard. Armand n'avait jamais visité
un pauvre. Il demanda à Madame Swetchine le
moyen de faire la connaissance de l'héroïque religieuse et il partit pour le quartier des pauvres avec
une lettre de Madame Swetchine.

Laissons maintenant M. de Melun raconter lui-
même, dans ses *Mémoires*, comment il fit son entrée
dans cette charitable maison de la rue de l'Epée-de-
Bois :

« Un jour que nous nous étions longuement entre-
tenus des créations merveilleuses nées de la foi et de
la charité, Madame Swetchine vint à me parler de la

sœur Rosalie qui, dans le quartier Saint-Médard, le plus pauvre et le plus abandonné de Paris, était devenue la providence de tous les malheureux et y était accréditée d'une puissance incomparable

Installé sur une chaise boiteuse (page 16).

... de la charité. Dans la disposition d'esprit où j'étais, cette vie de la sœur Rosalie au milieu des ... me frappa comme la révélation d'un monde ... qui m'apparut, et je demandai à Madame ... le moyen d'arriver jusqu'à elle. Le lende- main, muni de ma lettre d'introduction, je m'ache- minai vers le pauvre quartier Saint-Médard, non sans un certain battement de cœur, excité par la

curiosité et aussi par la nouveauté du monde que
j'allais voir et la tristesse des spectacles qui m'attendaient. Il me semblait que j'allais entrer dans une
grande salle d'hôpital, assister à toute espèce d'opérations et rester stupéfait devant de si grands maux
et de telles misères. A partir du Panthéon la route
n'était pas brillante, et j'eus quelque peine à découvrir, dans un angle de la rue Mouffetard, la très
petite rue de l'Epée-de-Bois. Je dus, en y entrant,
traverser le marché des Patriarches, où je ne vis
pour marchandes que des chiffonnières, et pour
marchandises que des guenilles, et j'arrivai, en
compagnie de deux ou trois pauvres, à la maison de
secours que depuis plus de vingt ans desservait
comme supérieure la sœur Rosalie. Tout était nouveau pour moi : le quartier, le bureau de bienfaisance et aussi la vie et les fonctions des sœurs de la
Charité. On n'apprenait pas tout cela au collège ; je
ne m'en occupais guère en faisant mon droit, et
depuis que je connaissais Madame Swetchine, je
m'étais surtout attaché à la grandeur théorique de
la religion ; j'avais plus parlé qu'agi.

« Au nom de Madame Swetchine, la sœur Rosalie
me reçut presque aussi bien que si j'avais été un
pauvre ; mais elle était habituée à voir venir ces
vocations d'apôtres que la curiosité inspirait plutôt
que la foi, et qui ne résistaient pas à la vue peu
attrayante de la misère. Après avoir demandé mille
choses à faire, les braves gens disparaissaient après
la première visite des pauvres et achevaient en un
jour leur apostolat. La sœur Rosalie eut la mauvaise
pensée, comme elle me l'avoua plus tard en riant,
que je pourrais bien être un de ces amateurs. Elle

résolut donc de me soumettre, dès le premier jour, à une sérieuse épreuve. »

Cette première visite d'Armand à la sœur Rosalie eut lieu dans l'hiver de 1837 à 1838. Les *Mémoires* nous font connaître par d'intéressants détails les suites de cette visite, qui devait exercer une influence si décisive sur la vie de cet homme de bien.

« Elle me donna, dit-il, une liste de pauvres à qui je dus porter des bons de pain, de viande et de bois, et quelques paroles affectueuses. Je m'en acquittai tant bien que mal, car j'avais un peu peur de ce que j'allais rencontrer. J'y passai plusieurs heures, quoique mes visites fussent toutes dans le même quartier ; mais si j'avais peine à entrer, une fois admis, installé sur un coffre ou sur une chaise boiteuse, la première glace rompue, j'avais encore plus de peine à quitter de braves gens, qui paraissaient si contents de me voir, me parlaient si franchement de leur affection pour la sœur Rosalie, de leur reconnaissance pour ma visite, et me racontaient avec tant de confiance leur histoire, leurs souffrances et leur espoir...

« A chacune de mes nouvelles courses dans son faubourg Saint-Marceau, la sœur Rosalie avait soin de me choisir avec son tact ordinaire, les pauvres qu'elle me confiait ; ils avaient tous des titres spéciaux à ma sollicitude et quelque chose d'intéressant à me raconter. Je ne quittais jamais la rue de l'Epée-de-Bois sans une plus grande affection pour la sœur et ses protégés. Je pris bientôt l'habitude de ces excursions et des entretiens qui les précédaient et les suivaient, où j'apprenais si bien à discerner la véritable misère de son masque, à faire la part des exagérations des uns et de la réserve des autres, et à distribuer à chacun ce qui lui convenait le mieux en secours, en conseils et même en causeries. A dater de ce moment jusqu'à sa mort, une semaine ne se passa pas sans que je ne vinsse plusieurs fois, non seulement visiter ses pauvres et parcourir sous sa direction toutes les rues étroites et tortueuses de son royaume, mais prendre ses lumières et ses conseils sur toutes les œuvres que je voulais entreprendre, sur toutes les situations difficiles dont je ne savais trouver les solutions. »

Après avoir ainsi initié son nouveau disciple à l'exercice de la charité, la sœur lui en révéla l'esprit, en mettant sous ses yeux l'histoire de son plus sublime apôtre. « La bonne sœur Rosalie m'a prêté la *Vie de saint Vincent de Paul*, écrivait Armand, et je ne la lis pas seulement pour admirer ; c'est une leçon, un exemple que Dieu m'a envoyé par les mains d'une des filles de Saint-Vincent qui a le plus hérité de son esprit ».

Madame Swetchine lui avait envoyé de son côté les *Méditations* de Bossuet sur l'Evangile. Aucun livre n'était mieux fait pour ravir cette haute intelligence et transporter cette belle âme sur les cimes de l'amour divin.

Dès lors Armand de Melun pouvait se mettre à l'œuvre et chercher à son tour les moyens les plus efficaces de soulager le pauvre dans son corps et dans son âme.

CHAPITRE III

C'est en faveur des enfants pauvres que l'apostolat charitable de M. de Melun commença à s'exercer.

Il en donne la raison dans cette page, l'une des plus belles qui soient sorties de sa plume :

« Quels que soient, dit-il, les torts d'un peuple ou d'une époque, la génération nouvelle, au moment de sa naissance, est en dehors de la dépravation générale et ne sait rien du mal de ses pères. L'âme de l'enfant est une page blanche, et tout atteinte qu'elle est de la tache originelle, elle est apte à recevoir l'impression de la vérité et de la vertu. C'est par l'enfance que Dieu rend les siècles corrigibles et les nations guérissables. C'est par elle qu'il fait pénétrer l'innocence dans le monde, comme par le malheur le repentir. Lorsque vous voulez rendre à un peuple les croyances, les habitudes qu'il a perdues ; lorsque vous cherchez à réformer ses mœurs, à régénérer sa vie, ne vous effrayez ni de ses refus, ni de sa persévérance dans le mal ; ne vous découragez pas si vos efforts ne triomphent point de son obstination et de son endurcissement. Il y a là des petits enfants qui ne repoussent rien, n'ont de parti pris contre personne, croient à toutes les paroles, espèrent en toutes les promesses et

tendent leur cœur à quiconque leur ouvre ses bras.
Dieu les envoie aux familles les plus perverses, pour
laisser au bien quelque chance auprès d'elles; il les
confie à la charité pour les consoler des mécomptes
du présent et leur ouvrir les portes de l'avenir. »

La première œuvre à laquelle Armand s'affilia fut
celle des *Amis de l'enfance*. Fondée en 1828, par un
petit libraire du quai des Augustins et par sa mère,
elle tenait ses réunions dans une humble boutique.
Le soir, à la lueur de deux chandelles, une dizaine
de jeunes gens, autour d'une vieille table, discu-
taient, sous sa présidence, l'admission d'un ou deux
orphelins ; on les plaçait dans de pauvres petites
maisons, à prix réduits, et la pieuse mère du président raccommodait leurs pantalons et leurs bas.

Cette œuvre en était encore à ses commencements
qui avaient été très humbles. Elle avait pour but
l'éducation des jeunes garçons pauvres de Paris
et leur apprentissage. Elle a aujourd'hui un conseil
d'administration, dont le président est M. le comte
de Béthune, rue de Lille, 17. On y accueille les
enfants sans parents ni protecteurs. La maison
d'apprentissage connue sous le nom de *Maison de
famille* est située rue de Crillon, 15, près de la
Bastille.

A l'époque dont nous parlons, elle était très
modeste ; Armand de Melun y entra volontiers.
Les magnifiques résultats de cette œuvre furent
pour lui une consolation et un puissant encouragement. L'œuvre prit des développements merveilleux
et put augmenter ses admissions. L'influence
d'Armand de Melun s'y fit sentir par une organisation plus méthodique. Ces innovations ne se pro-

duisirent pas sans quelques contestations, mais tous comprirent qu'il y allait de l'intérêt même de l'œuvre. Les admissions augmentaient chaque année. Le budget de l'œuvre atteignit annuellement le chiffre énorme de 40,000 francs.

Armand de Melun voulait s'en tenir à ce premier dévoûment, mais il avait compté sans Madame Swetchine qui le poussait à ne rien refuser et à cumuler le plus d'œuvres possibles parce qu'il pourrait suffire à tout. On verra qu'elle avait bien jugé.

Il y avait à Paris une autre œuvre, appelée *de Saint-Joseph* qui s'occupait des ouvriers pour leur fournir de l'ouvrage, des secours dans leurs maladies et prenait soin de leurs enfants. Cette œuvre avait souffert de la Révolution de Juillet. Le comte de Noailles, protecteur et providence de l'association, venait de mourir. L'œuvre allait périr, Armand de Melun entreprit de lui rendre la vie et la prospérité. Sans s'effrayer de la responsabilité qu'il encourait, il forma un conseil. L'œuvre se rétablit au milieu de grandes difficultés financières causées par les agrandissements nécessités par les besoins. Il s'occupa en même temps de placer les jeunes gens dans des établissements agricoles, persuadé que la vie des champs leur serait meilleure que l'atelier. Il en envoya une colonie dans la ferme de M. Bazin à Mesnil-Saint-Firmin, près Breteuil, et présida lui-même à leur installation. L'œuvre de Saint-Joseph prit donc une autre destination. Sous le nom d'œuvre de Saint-Nicolas elle fut confiée aux frères des Ecoles chrétiennes sous la direction et la présidence de l'archevêque de Paris. Elle compte aujourd'hui trois maisons : l'une à Paris, rue de Vaugirard, 92 ; la deuxième à Issy, Grande Rue, 70 ; la troisième à Igny, par Bièvres (Seine-et-Oise).

Rendant compte lui-même à l'une de ses meilleures amies des débuts de l'œuvre, M. de Melun lui écrivait en novembre 1844 : « Dimanche dernier j'ai été payé de beaucoup de peines, de démarches et de batailles perdues. C'était, au faubourg Saint-Antoine, l'inauguration d'une œuvre de patronage pour donner chaque soir l'école aux apprentis, et chaque dimanche la prière et des jeux à leurs loisirs. On m'avait prédit l'inutilité des efforts pour en arriver là ; et après l'achat de la maison, l'autorisation obtenue, les frères envoyés, on me disait encore que les enfants manqueraient aux leçons et aux prières, et qu'ils préféreraient la liberté de la rue et les dangers des barrières à l'innocent attrait de nos réunions. Eh bien, dimanche a démenti toutes ces décourageantes prédictions : l'école, ouverte le lundi précédent, recevait quatre-vingts enfants ; le samedi suivant ils étaient déjà cent soixante-dix. Le dimanche, ces cent soixante-dix enfants, au lieu de courir Paris, chantaient les louanges de Dieu et nous remerciaient de leur avoir ouvert cet asile ; et hier, trois jours après, le frère directeur venait solliciter l'agrandissement des classes et de la maison.

« Ainsi le grand problème du patronage était résolu, et cette œuvre, poursuivie depuis deux années avec tant de fortunes diverses, recevait de l'évènement la plus éclatante sanction. Voilà un jour qu'on n'oublie pas, et dont tous les soirs on doit remercier Dieu. Pour moi j'en ai grandement joui, tâchant de rapporter à qui de droit le mérite du succès ; car plus on agit, plus on sent son impuissance, plus l'intervention de la Providence paraît seule capable de nous faire arriver au but. J'accepte seulement ce résultat comme le commencement d'un

chemin, l'encouragement à marcher d'un pas plus ferme et plus rapide et la preuve que Dieu ne fait jamais défaut à la bonne volonté. »

C'est ainsi que la grande et salutaire *œuvre des Apprentis*, si ardemment désirée par M. de Melun, a été fondée grâce à son intelligente et persévérante initiative. La même année (1844), à Notre-Dame de

Le frère directeur venait solliciter l'agrandissement des classes et de la maison (page 24).

3

Paris, le Père de Ravignan la recommandait, avec son éloquence d'apôtre, en prêchant un sermon de charité pour elle ; l'abbé Pététot, alors curé de Saint-Roch, recueillait dans son église des souscriptions en sa faveur, et Mgr l'Archevêque de Paris en acceptait la présidence d'honneur.

Armand de Melun continua de s'occuper de l'orphelinat de Mesnil-Saint-Firmin. Pour éviter des difficultés suscitées souvent par les familles, il voulut s'en tenir aux orphelins.

L'orphelinat de Mesnil-Saint-Firmin dont le secrétariat est rue Jacob, 20, à Paris, est dirigé par les sœurs de Saint-Joseph de Cluny. On y reçoit les enfants de six à douze ans ; après cet âge, ils passent à la ferme de Merles, à trois kilomètres de Mesnil, dirigée par les frères de la Société de Sainte-Marie.

Sur ces entrefaites, la mère d'Armand de Melun tomba gravement malade. Pour la sauver, il eut recours à la prière et fit vœu d'aller en Suisse à Einsiedeln, au sanctuaire de Notre-Dame des Ermites pour remercier la Sainte Vierge, si sa mère se rétablissait. Sa prière fut exaucée et il partit au mois de septembre 1839.

Ce pieux pèlerinage n'avait fait que raviver la flamme de la charité dans le cœur de M. de Melun. Les grands problèmes soulevés par la question ouvrière ne lui avaient point fait oublier les pauvres, et il ne refusait jamais son concours aux œuvres qui s'occupaient de les assister. Il était dans cette disposition qu'encourageaient ses visites à la sœur Rosalie, lorsque la duchesse de la Rochefoucauld, qu'il voyait souvent chez Madame Swetchine, le fit entrer dans *l'œuvre de la Miséricorde*. Cette œuvre avait été fondée, sous la présidence de Mgr de Quélen, par une sainte fille, Mademoiselle du Martray, pour venir en aide aux familles tombées de l'aisance dans la misère par suite des révolutions, des faillites, des fausses spéculations, ou parfois, hélas ! de la mauvaise conduite.

Pour accroître les ressources de l'œuvre à laquelle il prêtait un si précieux concours, M. de Melun mit à profit ses belles relations dans le grand monde, pour organiser ces magnifiques *concerts de la Miséricorde*, qui attiraient chaque hiver toute la haute société parisienne. C'était là qu'on pouvait entendre Duprez, la Grisi, Mario et les plus grands artistes de cette époque, où il y en avait tant dans tous les genres. Ces admirables fêtes musicales rapportaient des sommes fabuleuses, qui ont permis à l'intelligent secrétaire de la *Miséricorde* et à son très regretté président, le prince de Chalais-Périgord, de retirer de la misère les familles les plus dignes d'intérêt.

Après avoir commencé ce chapitre par un si touchant souvenir de la piété filiale de M. de Melun, nous ne pouvons mieux l'achever qu'en revenant pour un moment à ce cher jumeau qui a pris, dans sa vie, une si belle et si grande place. Au retour de son pèlerinage d'Einsiedeln, Armand assista, le 23 septembre 1839, à Lille, au mariage de son frère avec Mademoiselle Marie Van-der-Cruysse de Waziers, d'une famille dont le nom se rattache aux meilleurs souvenirs de la charité catholique dans cette ville. Peu de mois avant cette heureuse union, qui comblait tous les vœux des deux familles, Armand écrivait à Madame Swetchine : « Si ma partialité fraternelle ne m'aveugle pas trop, Anatole me semble de ceux qui gagnent à être connus ; ses sentiments sont si nobles et si purs, son âme si profondément religieuse et charitable, il a depuis quelques années amassé de si riches trésors de piété et de bonnes œuvres ! »

Quelle admirable union que celle de ces deux jumeaux, toujours appuyés l'un sur l'autre, toujours d'accord pour marcher du même pas dans la voie de la charité chrétienne ! Leurs vies se ressemblent tellement ou plutôt se confondent si bien que l'histoire de l'une est, pour ainsi dire, celle de l'autre.

CHAPITRE IV

SES IDÉES SUR LA CHARITÉ. — NOUVEAUX VOYAGES.
NOUVELLE MOISSON D'ŒUVRES CHARITABLES.

Armand de Melun avait la plus haute idée de la
charité chrétienne et il était intimement convaincu
qu'elle seule pouvait régénérer et sauver la société.
Il se rendait un compte exact de la crise sociale
actuelle dont nous souffrons depuis la Révolution.
La politique lui paraissait impuissante à la résoudre.
Quand les gouvernements n'ont plus de croyance et
prétendent se passer de la religion, leur seule ressource est la force. Or la force n'a jamais rien pacifié
d'une manière durable et solide. Le socialisme lui
apparaissait, selon la vérité, comme une erreur, un
crime et un désastre.

Le 11 juillet 1844 il s'en ouvrait à M. de Lambel
et lui manifestait son dessein de créer une revue de
la charité : « Ce projet se reproduit sans cesse dans
ma pensée... Malgré ma répugnance personnelle
pour l'impression, cette tribune ouverte au bien,
cet organe nouveau de la charité me séduit et
m'entraîne. La charité n'a-t-elle pas pris, dans
tous les temps, les formes, les forces de l'humanité
pour ajouter à son action et multiplier ses ressources ?
Elle s'est faite médecin et garde-malade au moyen-
âge ; elle a été soldat à Rhodes et à Malte, lorsque

la guerre et l'épée étaient les deux grandes forces
du monde ; elle s'est fait mendiante, elle a porté la
besace sous la robe des capucins ; elle a été ouvrière
avec saint Benoît, laboureur à la Trappe. Pourquoi
ne serait-elle pas journaliste, lorsque la presse est
aujourd'hui le grand levier de l'époque, la grande
voix du temps ? »

Le succès des *Annales* ne se fit pas attendre, à
Paris du moins, où les noms des fondateurs étaient
bien connus dans le monde de la charité publique
et privée, ainsi que dans celui des lettres. C'était à
qui obtiendrait l'honneur de figurer dans un recueil
où l'on se glorifiait d'écrire à côté de M. de Melun
en faveur des pauvres et pour le soulagement des
misères sociales.

C'est dans cette revue qu'il écrivait encore : « Ne
« demandez pas le salut ni à la puissance du glaive
« dans une époque de paix, ni au privilège de la
« naissance dans une époque d'égalité, ni à la magie
« de la plume ou de la parole à une époque où tout
« a été dit, écrit et imprimé. Le mouvement par-
« tira non de la tête mais du cœur. C'est la charité
« qui remplacera toutes les puissances, toutes les
« hiérarchies abolies par les siècles et les révolu-
« tions. Elle rétablira ces rapports de clientèle que
« donnaient autrefois la naissance et la fortune.
« Elle relèvera le pouvoir, elle ressuscitera le res-
« pect. »

Mais ce sera là le privilège de la charité chrétienne
seule, c'est-à-dire de la charité qui s'inspire de la
religion : « Seule, dit-il, la charité catholique a pour
« l'homme une pitié qui ne l'humilie pas et un res-
« pect qui n'éveille pas son orgueil. Seule elle con-

« cilie le zèle pour le bien-être du pauvre avec la
« doctrine et la loi de l'expiation. Elle ne prétend
« pas supprimer la souffrance, mais la purifier.
« Elle ne prétend pas à enrichir tout le monde, mais
« à rendre la pauvreté tolérable et même aimable
« par esprit de foi. Comme Jésus-Christ, son divin
« principe et son modèle, elle sanctifie en soulageant,
« tandis que l'autre système arme le pauvre contre
« le riche, le faible contre le puissant, et tourne son
« prétendu amour des indigents en une haine vio-
« lente contre ceux qui ne le sont pas. »

N'est-il pas admirable d'entendre un homme du
monde s'exprimer avec cette sûreté de doctrine. On ne
se lasse pas de le citer : « J'ai conscience, dit-il, que la
« vraie puissance, celle qu'il faut souhaiter, appar-
« tiendra à ceux qui marcheront incessamment dans
« la voie évangélique, qui combattront pour soula-
« ger les souffrances de leurs frères et ne songeront
« à se reposer que dans la mort. Aujourd'hui toutes
« les puissances de ce monde sont usées : la force a
« eu son règne, la naissance a gouverné, la fortune
« a partagé avec elle l'empire, il faut que la charité
« ait son tour. »

Mais encore faut-il que la charité chrétienne se
dégage complètement de la politique. Citons-le
encore : « Mon ami, écrit-il à son frère Anatole, il
« faut à tout prix créer un terrain où tout le monde
« puisse s'entendre et se rencontrer, où la guerre
« passée s'oublie dans l'exercice commun de la cha-
« rité. Sans cela, nous nous isolerons de plus en
« plus de tout le pays... Les œuvres seront dénoncées
« comme des choses légitimistes, nous serons hors
« la loi commune, et le catholicisme ne sera plus

« regardé que comme une secte à part, ayant ses
« idées, son action, son influence entièrement exclu-
« sive, dès lors très limitée ; tandis que sur le ter-
« rain de la charité chrétienne nous appellerons tout
« le monde, nous mettrons en présence ce qui se
« fera de bien partout ; et les hommes rapprochés,
« à l'appel que nous leur ferons, oublieront nos
« divisions pour n'apercevoir plus que notre dévoue-
« ment. »

Cette conception de la charité n'est-elle pas vraiment admirable ? Telle a toujours été la règle de
conduite d'Armand de Melun. Sa charité a toujours
été pure de tout alliage. Elle s'inspirait de l'Evangile,
de la doctrine et de l'exemple de Jésus-Christ.
Armand de Melun était avant tout un chrétien doublé
d'un apôtre. Il allait au corps pour atteindre l'âme.
On comprend que, dans l'été de 1841, tous les hommes
de bien de la capitale qui s'occupaient d'œuvres de
charité, aient désigné d'un commun accord le nouveau Vincent de Paul, comme on l'appelait, pour aller
déposer leurs vœux et leurs prières aux pieds du
Souverain Pontife. Il ne fit que passer dans la Ville
Eternelle. Paris et ses œuvres le rappelaient pour
lui demander de nouveaux dévouements.

Après les enfants et les jeunes gens, il allait s'occuper des malades pauvres, et là encore relever une
œuvre éteinte. L'œuvre des *Pauvres malades* avait
été fondée par saint Vincent de Paul, mais comme
tant d'autres, elle avait sombré à l'époque de la
Révolution. Une pieuse chrétienne, femme d'un
avocat général, Madame Levavasseur, entreprit de la
relever. Ce n'est qu'en 1840, après dix ans d'efforts,
de démarches et de sacrifices qu'elle fut rétablie

dans un grand nombre de paroisses. Il fallait faire appel aux dames du monde et les faire s'asseoir au chevet des malades. Armand de Melun prêta son concours et son dévouement. Il fut aidé par M. de Lambel. L'œuvre réussit à souhait et fut bénie de Dieu. Aujourd'hui encore elle est florissante. Elle est sous la direction des Lazaristes. Chaque paroisse a son bureau présidé par le curé. Les membres, dames visitantes et dames trésorières fournissent une cotisation annuelle. Le président est le supérieur général des Lazaristes.

Armand de Melun s'occupa bientôt d'une autre classe de pauvres, celle des pauvres honteux. L'œuvre existait sous le nom de la *Miséricorde*. Nous en avons parlé déjà. Melun fut appelé à en faire partie. Il comprit facilement l'utilité précieuse de cette œuvre en faveur de ces infortunés retenus par la honte du présent et le souvenir douloureux d'un passé d'aisance ou de fortune. Combien de ces malheureux qui passant subitement d'un extrême à l'autre deviennent des mendiants impudents et souvent des débauchés !

Melun, dont la bonté d'âme était profonde, dut cependant sur ce terrain faire son apprentissage pour se garer contre l'exploitation de sa charité et distinguer le pauvre du fourbe. Il y arriva bientôt et fut secrétaire de l'œuvre tout le reste de sa vie. Essentiellement organisateur il eut bientôt dressé des règlements et précisé les titres à l'admission aux secours. L'œuvre, en trois années, comptait 3,000 familles assistées. Sa délicatesse de procédés était admirable. Il recevait les pauvres chez lui et les traitait avec respect. Il poussait si loin la délicatesse que plusieurs fois il revint de ses visites à domicile en rapportant une aumône qu'il n'avait osé remettre de peur de froisser et qu'il envoyait ensuite par quelqu'un.

L'*Œuvre de la Miséricorde* est aujourd'hui dirigée par un conseil sous la présidence de la maréchale de Mac-Mahon, rue de Bellechasse, 70.

Une autre œuvre allait surgir : *la Société de Patronage*. Un homme de bien en même temps qu'écrivain illustre s'apitoyait sur ces milliers de jeunes filles accourues à Paris du fond de leur province, soit par l'appât du gain, soit par suite de conseils pernicieux. Déçues dans leurs espérances et réduites à la misère, elles devenaient une proie facile pour la séduction et le vice. Il s'en ouvrit à M. de Melun. Tous deux fondèrent ensemble la Société de Patronage pour aider ces infortunées à rentrer dans leur pays et à se garder de la débauche. L'œuvre réussit. Le Gouvernement la reconnut d'utilité publique et la dota d'une somme annuelle de 10,000 francs. Le Conseil municipal en donna autant. Ces secours joints au produit d'une quête annuelle et des cotisations formèrent des ressources suffisantes. C'était une nouvelle œuvre de charité et de régénération.

Dès la fin de l'année 1843, l'œuvre ouvrait sa première école et sa première réunion dans la rue de Charonne, en plein faubourg Saint-Antoine. Huit jours après l'ouverture, quatre-vingts élèves suivaient les classes du soir ; au bout d'un mois, l'école était trop petite. Les réunions du dimanche eurent d'abord moins de succès. Cependant peu à peu, on vit la messe plus suivie et mieux entendue ; un jardin ouvert aux jeunes apprentis et quelques jeux préparés pour eux prirent faveur. Un comité de patronage, organisé par M. de Melun, ne tarda pas à prêter son concours aux leçons des frères. L'année suivante, cent trente enfants qui ne savaient ni lire ni écrire et ne se souvenaient pas d'avoir jamais entendu parler de Dieu, venaient, après une sérieuse préparation, le recevoir à la sainte table. Au mois de mai 1845, date du rapport auquel nous empruntons ces renseignements, trois cents apprentis suivaient les exercices de la maison de patronage de la rue de Charonne ; sur ces trois cents, cent quatre-vingt-dix venaient de faire leur première communion. Avant l'expiration de sa troisième année d'existence, l'œuvre était établie, avec le même succès, dans le faubourg Saint-Marceau, dans le quartier Saint-Martin, dans les Ier et IIe arrondissements. « Quatre comités de placements, lisons-nous dans ce même rapport, se partagent la ville, tiennent séance chaque semaine, prêts à recevoir les demandes, à donner des maîtres, à fournir des apprentis. Ils en ont déjà placé près de deux cents. Cinq comités de patronage en visitent et en surveillent quatre cent soixante-dix, et bientôt nos cinq maisons en recevront le soir et le dimanche plus de mille. De tous ces enfants que l'œuvre a placés, surveillés, instruits, la plupart sans sa protection auraient vécu dans la paresse et dans l'ignorance, sans état et sans religion. »

Il rêvait autre chose, c'était l'organisation même de la charité, une synthèse des œuvres, une sorte de centralisation de la bienfaisance qui fît concourir chacun au perfectionnement de tous, qui éclairât les recherches des uns par la science des autres, afin de mettre dans les œuvres l'esprit de discernement, de justice et de religion. C'est ainsi qu'en 1842, il fonda le *Comité des œuvres*.

En même temps il rédigeait un état général des œuvres de Paris qu'il intitulait : *Manuel des institutions et œuvres de charité* et qui est un guide indispensable à travers le monde des merveilles de la charité à Paris. Dans son esprit cet ouvrage devait être en même temps une démonstration en faveur de la religion chrétienne et un fondement d'espérance pour l'avenir.

Lui-même par sa coopération à tant d'œuvres de bienfaisance était l'homme le mieux renseigné de tout Paris sur l'indigence et la misère. Cette connaissance des pauvres lui permit d'établir une sorte de *Bureau de renseignements* où chaque famille avait son dossier, qui contenait l'état de ses besoins et des secours qui lui étaient alloués.

CHAPITRE V

Organisation de la Charité,

Tout en consacrant son dévouement aux œuvres de la charité privée, M. de Melun ne perdait pas de vue les réformes que depuis plusieurs années il s'efforçait d'introduire dans la bienfaisance publique. Nous avons dit qu'il préparait dans ce but un grand projet. Vers la fin de l'année 1848, pendant que son ami, l'honorable M. Dufaure, était ministre de l'intérieur, sous la présidence du général Cavaignac, il jugea que le moment était venu de publier ce projet, qui avant d'être édité en brochure parut en deux articles dans les *Annales de la Charité*.

Il est aisé de reconnaître aujourd'hui, à la lumière des évènements, le côté défectueux du plan de M. de Melun ; mais l'excès de son zèle pour améliorer le sort du peuple était bien excusable à cette époque où la société était encore profondément troublée par la crise terrible qu'elle venait de traverser, et qui avait confondu le pauvre et l'ouvrier dans la même misère.

Au surplus, la pensée fondamentale du projet n'était pas là, car son auteur se proposait avant tout d'enlever à l'assistance publique son caractère bureaucratique et ses agents salariés, pour les remplacer par des conseils électifs et des commissions gratuites.

Associer étroitement l'assistance publique et la charité privée pour unir tous leurs efforts contre les progrès du paupérisme : tel était le but principal de M. de Melun, but qu'il a poursuivi toute sa vie avec une infatigable persévérance et plus d'une fois avec succès, comme nous le verrons bientôt.

Mais on arrivait à ce moment décisif où l'attention publique était absorbée par l'élection présidentielle. La lutte était circonscrite entre le général Cavaignac, vainqueur de l'insurrection de juin, et le prince Louis-Napoléon. Sur les instances réitérées d'un ami, qui avait avec le prince des relations particulières, M. de Melun consentit à le voir, à condition que l'entrevue aurait lieu sans témoins, dans une maison tierce, et qu'elle n'engagerait en rien la liberté de son vote. Les *Mémoires* nous donnent sur cette entrevue un récit trop intéressant pour n'être pas reproduit ici dans ses parties essentielles. La loyauté absolue du narrateur nous en garantit la parfaite authenticité.

« Le prince vint droit à moi, me présenta la main en me disant un mot gracieux pour avoir bien voulu me rendre à son appel ; puis, m'invitant à m'asseoir, il ajouta qu'il avait désiré me voir parce que, ayant la même passion que moi pour le bonheur du peuple et pouvant être appelé à un poste qui lui permettrait de réaliser ses bonnes intentions, il attachait un grand prix à se mettre en rapport avec des hommes qui avaient dévoué leur vie à cette grande mission. Il savait qu'il existait certaines préventions, certaines craintes chez les hommes religieux et amis du bien, contre les idées et les doctrines qui arriveraient avec lui au gouvernement, et il était heureux de trouver ici une occasion de faire connaître à cette partie de la société, qu'il estimait le plus, ce qu'il ferait, s'il était nommé président de la République.

« — Veuillez donc, je vous en prie, ajouta-t-il avec un air des plus aimables, m'adresser toutes les questions qui peuvent vous intéresser sur ce sujet ; je me ferai un plaisir de vous répondre en toute confiance et en toute sincérité.

« — Puisqu'il en est ainsi, répliquai-je, permettez moi, prince, de vous poser trois questions dont vous saisirez certainement l'importance et qui vont droit au but que vous assignez à notre entretien : l'une religieuse, l'autre politique, la troisième sociale. La question religieuse s'applique au grand intérêt qui, vous le savez, préoccupe aujourd'hui tous les catholiques et fait l'objet de tous leurs vœux et de toutes leurs réclamations : la liberté de l'enseignement.

« — Sur ce point, se hâta de dire Louis-Napoléon, nous serons bien vite d'accord ; je pense, comme les catholiques, que c'est un droit pour les pères de famille de choisir les hommes à qui ils veulent confier l'éducation de leurs enfants, et il est du devoir du gouvernement de leur faciliter le choix de maîtres partageant leurs croyances, leurs doctrines, et ne combattant pas, dans l'esprit de leurs fils, leurs principes de religion, de morale et même de politique. La liberté de l'enseignement peut seule leur procurer ces maîtres et ces professeurs ; aussi, tout en maintenant l'Université, cette grande fondation de mon oncle, dont l'époque où elle fut créée justifiait le monopole, si j'arrive au pouvoir je m'empresserai de faire préparer une loi qui assure au pays la liberté de l'enseignement. »

« Je m'inclinai en signe d'assentiment, et reprenant la parole :

« — Je vous demanderai maintenant quelle sera la ligne de votre politique, de quel côté placerez-vous votre gouvernement ; quelle sera, en un mot, la couleur de votre ministère ?

« — Je ne suis ni un réactionnaire outré ni un homme de l'ancien régime, me répondit Napoléon en souriant, et mon gouvernement ne sera pas celui d'un parti ; mais il sera la représentation de l'ordre et de tous les principes sur lesquels repose la société ; je prendrai mes ministres dans toutes les nuances du grand parti de l'ordre, et la vôtre ne sera pas oubliée, car je compte donner le portefeuille de l'instruction publique à un de vos amis, à M. de Falloux. Quelle est maintenant votre question sociale ?

« — Bien simple, dis-je. Vous savez, prince, comment ont été représentés, dans ces derniers temps, les devoirs de la société et surtout ceux de l'Etat envers le peuple, son travail et ses souffrances. Les uns déclarent que l'Etat, se mettant à la place des individus, doit corriger toutes les inégalités, supprimer toutes les misères, se faire le régulateur du travail, de la propriété, assigner à chacun sa place, son travail et son salaire, sans aucun souci de la liberté et des droits individuels. Les autres, laissant à la liberté de chacun le droit et le devoir de se tirer d'embarras, veulent que le gouvernement s'en désintéresse complètement, ne s'occupe pas de ce genre d'affaires. En un mot, ceux-là veulent que l'Etat fasse tout ; ceux-ci, qu'il ne fasse rien : à qui donnerez-vous raison ?

« — A *chacun des deux*, répondit-il ; je serai également éloigné de ce socialisme qui supprime la *liberté, et de cet égoïsme qui laisse à chacun, quelles que soient* ses forces et ses ressources, la respon-*sabilité de sa vie.* »

« Là-dessus, il me développa une théorie qui se *rapprochait beaucoup de celle des catholiques,* comptant surtout sur la charité pour combattre la misère, mais reconnaissant à l'Etat le devoir de favoriser les œuvres et de faire ce que la bonne volonté individuelle est trop faible pour réaliser.

« J'allais le quitter, lorsqu'il me revint en mémoire une quatrième question.

« — La situation de la France, lui dis-je, est assez singulière avec sa république au milieu de tant de monarchies, et il lui serait facile de trouver une occasion de guerre avec l'espérance d'avoir pour alliés les peuples jaloux de recouvrer sous son dra-peau leur indépendance ou leur autonomie. Les glorieux souvenirs de votre oncle ne vous paraîtront-ils pas une invitation à suivre son exemple, et votre avènement ne sera-t-il pas le signal de la guerre et de la conquête ?

« — Je vous remercie, répliqua Louis-Napoléon, de me donner l'occasion de vous dire toute ma pensée sur ce point. Oui, mon oncle a fait de grandes, de glorieuses guerres, et on lui a souvent reproché d'en avoir fait trop peut-être. Il était difficile qu'il fît autrement, et ce n'est pas toujours lui qui a pro-voqué les batailles ; mais aujourd'hui les circonstances sont tout autres, et, je vous le déclare, ce serait un crime d'entraîner la France dans une guerre : c'est la paix qu'il lui faut, et si je suis appelé au pouvoir, je la lui donnerai certainement. »

« Tel est le résumé de notre conversation, dont il fit à peu près tous les frais et qui se termina par une poignée de main, de nouveaux remerciements pour ma venue, et l'espérance que s'il était élu président, je lui prêterais mon concours pour réaliser tout le bien que l'un et l'autre nous étions désireux de faire. » (*Mémoires*, t. II, p. 29-33.)

Le lecteur demandera sans doute quelle impression M. de Melun emporta de cette entrevue. Il se hâta de regagner son logis, d'où il écrivit à son frère, alors à Lille, le résumé de sa conservation avec le prince, en ajoutant :

« Tu le vois, il m'a fait le meilleur accueil ; il a répondu à toutes mes questions de la manière la plus intéressante ; il m'a promis une place à sa cour, et cependant je ne voterai pas pour lui. » Et il en donne la raison dans ses *Mémoires* : « C'est qu'à travers ces belles paroles, que plus tard je retrouvai affichées sur les murs ou proclamées dans l'*Officiel* et dont plusieurs se réalisèrent, je voyais l'habileté du candidat qui croyait devoir gagner les voix des catholiques et des hommes charitables en me tenant ce langage, pendant que dans la rue, dans les cabarets et ailleurs, ses partisans recueillaient des voix avec d'autres promesses. »

Quoi qu'il en soit, le courant populaire ne tarda pas à devenir irrésistible, et le jour où le scrutin fut dépouillé dans toute la France, le nom de Louis-

Napoléon sortit de l'urne avec six millions de suf-
frages.

Le lendemain de la proclamation du vote du
10 décembre 1848, un nouveau ministère paraissait
au *Moniteur*, et Persigny, le confident du prince-
président, apportait lui-même à M. de Falloux le
portefeuille de ministre de l'instruction publique et
des cultes. C'était l'accomplissement de la promesse
faite à M. de Melun.

Lorsque arrivèrent, au mois de mai 1849,
les élections générales pour la nomination de
l'Assemblée législative, M. de Falloux, qui désirait
s'assurer le concours de son ami dans le nouveau
parlement, le pressa vivement d'accepter la candidature qu'il lui avait préparée dans le département
d'Ille-et-Vilaine, où le jeune ministre avait une
grande influence.

« L'intérêt de mon repos et peut-être celui de ma
santé, répondit M. de Melun dans une de ses lettres,
seraient de me tenir à l'écart, en laissant à d'autres
le fatigant honneur de mettre la main aux affaires
de l'Etat. Mais je vois tous les jours quelle force
pour le bien ou le mal possèdent ceux qui ont quelque part au pouvoir. C'est pourquoi j'ambitionne
un peu de cette puissance dans l'intérêt de mes
pauvres et de tout ce peuple, dont on ne s'occupe
que lorsqu'on a peur de lui et qu'on se hâte d'oublier
dès que l'orage se dissipe. »

Porté sur la liste de l'évêque de Rennes, alors
puissant dans ce grand diocèse, appuyé par tous les
amis de la religion et de l'ordre social, notre candidat n'eut aucune démarche à faire pour obtenir son

élection. Il passa un des premiers, avec une immense majorité.

Le même jour, son frère fut élu représentant du Nord ; et les deux jumeaux, toujours unis dans les mêmes sentiments et les mêmes idées, entrèrent ensemble dans la carrière parlementaire. En annonçant lui-même son élection à l'une de ses amies, M. de Melun lui écrivait :

« Venant chacun d'une extrémité de la France, les deux jumeaux arrivent, le même jour, à l'Assemblée nationale : l'un comme Flamand, l'autre comme Breton, pour marcher vers le même but et sous le même drapeau. Malgré mon désir d'arriver sur ce théâtre, où les idées que je poursuis vont enfin avoir la parole, j'étais un peu effrayé de la difficulté des temps et de la responsabilité des actes ; mais l'association de mon frère dissipe toute incertitude. Nous appuyant l'un sur l'autre, nous lutterons mieux contre la tempête, et chacune de nos pensées, passant par l'épreuve de l'intelligence fraternelle, pourra se produire au jour plus forte et plus confiante en sa fortune. »

CHAPITRE VI

M. DE MELUN A LA CHAMBRE.

Malgré les luttes politiques rendues inévitables
par le dualisme du pouvoir exécutif et du pouvoir
législatif, émanant tous deux de la même source,
c'est-à-dire du suffrage universel, le moment paraissait assez propice aux espérances et aux projets
charitables de M. de Melun. Ainsi que nous l'avons
fait remarquer, l'année 1848 avait vu les socialistes
et les révolutionnaires afficher la prétention de
parler seuls au nom du peuple et d'avoir seuls les
moyens d'améliorer son sort. Arrivés au pouvoir,
ils n'avaient su qu'allumer la guerre civile, et le bon
sens public n'avait pas tardé à faire justice de leurs
vaines utopies et de leurs réformes impossibles ;
mais les questions qu'ils avaient soulevées, les
idées fausses inculquées par eux aux esprits igno-
rants et inexpérimentés, faisaient un devoir à tous
les bons citoyens de prendre en main la défense des
intérêts populaires, dont les ennemis de la société
se faisaient une arme contre elle. Il fallait montrer,
par l'étude sérieuse des problèmes sociaux, la
vanité et le danger des solutions proposées par les
faux apôtres du progrès, et chercher à guérir les
maux guérissables par l'application des vrais prin-

cipes de l'économie sociale et de la charité chrétienne.

Les travaux et les discussions de la *Société d'économie charitable* avaient admirablement préparé M. de Melun à cette tâche aussi délicate que difficile. Aussi n'avait-il pas attendu la réunion de l'Assemblée législative pour communiquer ses vues au prince-président. M. de Falloux, devenu ministre de l'instruction publique et des cultes, partageait les idées et encourageait les démarches de son ami. Il s'empressa de le mettre en rapport avec Louis-Napoléon, qui n'avait point oublié son entretien avec M. de Melun au moment de sa candidature. « Je lui proposai, lisons-nous dans les *Mémoires*, la nomination d'une grande commission dans laquelle il ferait entrer les illustrations et les notabilités du pays, et qui aurait pour mission de chercher les moyens pratiques d'améliorer la situation morale et matérielle du peuple et d'indiquer les institutions les plus utiles à fonder et à propager dans ce but. Ma proposition fut fort bien accueillie à l'Elysée, et Persigny fut chargé de m'annoncer que, sous très peu de jours, la nomination de la commission, avec la définition de ses attributions, paraîtrait au *Moniteur*. Je lisais tous les matins le journal officiel avec impatience, et rien de ce qui m'avait été promis n'y figurait.

« Elu à l'Assemblée législative, j'insistai avec la force et l'autorité que me donnait ma nouvelle part de souveraineté ; l'affaire était toujours remise au lendemain, lorsqu'enfin M. de Persigny vint m'avouer, non sans quelque embarras, que le président était effrayé de cette grande commission, dont il ne pouvait prévoir ni les idées ni les exigences, et qu'il préférait s'entendre avec moi seul sur ce

qu'il convenait de faire... En dépit des plus gracieuses avances, je conservais toujours une certaine défiance contre ce prince ; il me paraissait très disposé à faire le bien et à concourir au bonheur du

L'apparition du rapporteur ramena le silence (page 50).

peuple, mais à la condition que ce bien et ce bonheur lui rapporteraient quelque chose, que tout ce qui se ferait en ce genre paraîtrait venir exclusivement de lui, et que son pouvoir et sa popularité en auraient tout l'honneur et le profit. Les institutions de prévoyance et d'assistance n'étaient pas encore des instruments de règne, mais des moyens d'y parvenir. Rien ne répugnait plus à mes tendances et à mes instincts que cette exploitation de la charité ; aussi je fis la sourde oreille, m'en tirai par quelques phrases évasives, et le lendemain, sans en rien dire à personne, je déposai ma proposition sur le bureau de l'Assemblée. »

Le coup était hardi, car dans son inexpérience du régime parlementaire le nouveau député ne s'attendait guère à ce qui allait arriver. Renvoyée à la commission d'initiative dont il faisait partie, il en fut nommé rapporteur ; le rapport, concluant à la prise en considération, fut adopté par la commission, déposé en son nom, et le jour de la discussion fixé à huitaine. L'accueil favorable dont le projet avait été l'objet dans la Chambre et dans la presse avait laissé si peu de doute sur le vote, que M. de Melun, ne prévoyant pas qu'une opposition pût surgir, n'avait préparé aucune réponse. M. Gustave de Beaumont et M. Benoist d'Azy, qui parlèrent en faveur du projet, n'avaient recueilli que des approbations à droite, sans soulever à gauche aucune critique. Mais la scène changea, lorsque Victor Hugo parut à la tribune.

Ici, pour mieux rendre compte de cet événement parlementaire, qui produisit l'effet d'un coup de théâtre, nous empruntons le vivant et impartial récit des *Mémoires* :

« Sans se préoccuper du projet et sans en discuter les articles, Victor Hugo se mit à faire une charge à fond contre l'indifférence de la société envers les malheureux, l'accusa d'avoir laissé récemment un jeune poète mourir de faim, et signifia à l'Assemblée qu'elle eût à faire disparaître la misère.

« Ces hautaines paroles, rehaussées par son emphase et ses antithèses habituelles, soulevèrent une véritable tempête. Les interpellations les plus vives lui furent adressées par la droite ; il y répondit avec amertume, soutenu par les clameurs approbatives de la gauche ; et de ce moment data la rupture éclatante entre le poète et les conservateurs. Jusque-là, tout en associant des idées et surtout des métaphores avancées à des doctrines et à des votes relativement modérés, il s'était prononcé avec énergie contre les excès de la première révolution et ceux qui voulaient les renouveler. Les blessures faites en ce jour-là à son amour-propre ne cessèrent de s'envenimer. Il passa à l'ennemi avec armes et bagages, et arriva bientôt à figurer parmi les chefs et les représentants les plus colorés de la gauche radicale.

« Pour moi, j'étais au désespoir ; j'avais voulu apporter la conciliation et la paix, et la Chambre était en pleine guerre. On s'injuriait au nom de la miséricorde ; on se battait sur le dos de la charité ; j'en étais à regretter mon initiative et à regarder la cause comme perdue. C'était à moi, auteur et rapporteur de la proposition, de l'arracher des mains des combattants pour lui rendre son caractère pacifique et la sauver ; mais au moment de demander la parole, troublé sans doute par cet incident inattendu, j'éprouvai une véritable défaillance morale. La pensée d'aborder la tribune pour la première fois, au milieu de cet orage auquel j'étais si peu préparé, se dressa devant moi comme un épouvantail... Tout cela me fit perdre la tête, et dans un transport de pusillanimité ridicule, je quittai le banc de la commission et m'enfuis dans la salle des conférences, ne sachant plus ce que j'allais devenir...

« C'en était fait de ma proposition et de ma carrière parlementaire,... lorsque mon frère, accourant après moi et me faisant honte de ma fuite, me prit en quelque sorte par le collet, me ramena dans la Chambre, où l'agitation provoquée par la virulente sortie de Victor Hugo durait encore, et me poussa vers la tribune ; force me fut d'y monter.

« L'apparition du rapporteur ramena le silence. Dès mon premier mot toutes mes terreurs avaient disparu ; il ne me restait plus que cette émotion qui donne une action puissante sur ceux qui l'écoutent et produit chez eux une sorte de vibration sympathique. Mon discours fut d'une grande concision, et je ne réponds nullement de la correction du style et de l'ordre dans les idées ; mais c'était un appel à tous les hommes de cœur et de bonne volonté pour chercher ensemble les moyens d'éloigner la misère de ceux qui travaillent et de soulager ceux qui souffrent, un exposé rapide du but de la proposition dont j'attribuais le mérite non à un homme, non à un parti, mais à l'Assemblée tout entière.

« Ces quelques mots, dits avec chaleur et conviction, produisirent un grand effet ; des applaudissements, partis de tous les bancs, les accueillirent, et je descendis de la tribune avec autant de joie et de satisfaction que j'y étais monté avec répugnance et tristesse, car j'avais la conscience que cette cause qui m'avait semblé perdue était gagnée, et que ma proposition, que j'avais crue ensevelie sous les éclats de la passion et de la colère, sortait de la discussion pleine de vie et d'honneur. »

A l'unanimité, la proposition fut prise en considération et renvoyée aux bureaux pour la nomination d'une commission de trente membres, chargée, d'étudier les questions et de préparer les lois de prévoyance et d'assistance publiques. (Séance du 9 juillet 1849.)

Quand M. de Melun rentra dîner en famille à l'hôtel du ministre de l'instruction publique, la jeune fille de M. de Falloux lui présenta un bouquet comme au triomphateur du jour. Le soir, à la réception du ministre des affaires étrangères, M. de Tocqueville, il fut le lion de la soirée, et Persigny lui dit en le félicitant : « Vous avez fait vos affaires vous-même, et vous avez obtenu la fameuse commission que vous demandiez au président. »

Mais M. de Melun n'était pas au bout des surprises et des difficultés ; peu s'en fallut qu'il ne trouvât, lui aussi, sa roche Tarpéienne auprès du Capitole. La grande commission, objet de ses plus vifs désirs, fut nommée et composée des députés les plus illustres et les plus influents : Mgr Parisis, évêque d'Arras, M M. Thiers, Berryer, Montalembert, Emmanuel Arago, Gustave de Beaumont, Aurélien de Sèze, Charles Dupin, Buffet, de Rémusat, Henry de Riancey, Baudot, Ancel, Armand et Anatole de Melun, etc. Elle choisit Mgr Parisis pour président, et M. Armand de Melun pour secrétaire.

Entrée en fonctions, elle subit dès le premier jour l'influence de deux courants opposés. Les uns, dominés par la peur du socialisme et dirigés par M. Thiers, semblaient n'en faire partie que pour l'empêcher d'agir ; les autres, d'accord avec les premiers pour reconnaître le péril social, voulaient résolument le combattre en améliorant la législation dans tous ses rapports avec le bien-être des classes laborieuses et souffrantes.

Dans la commission, où il exerça tout d'abord une influence prépondérante, M. Thiers commença sa campagne négative par faire ajourner indéfiniment un projet d'organisation de la prévoyance et de l'assistance publiques présenté, vers la fin de l'année 1848, par M. Dufaure, alors ministre de l'intérieur. Puis s'attaquant aux propositions humanitaires qui, depuis la proclamation de la république, s'étaient fait jour dans la presse et jusque dans l'Assemblée constituante, il les sabra de toute la vigueur de son ironie en invitant la commission à le suivre dans ce procès impitoyable contre les aberrations du jour.

Personne ne refusa de s'associer à cette œuvre de justice et de bon sens ; mais pendant qu'on se livrait aux grandes batailles contre le socialisme et l'ultra-démocratie, il se forma, sous l'inspiration de M. de Melun, un petit groupe composé d'hommes jeunes, actifs, animés de l'esprit chrétien, qui ne se croyaient pas appelés seulement à des réfutations. De concert avec la *Société d'économie charitable*, il se mit à préparer sérieusement et sans bruit des lois modestes qui n'avaient pas la prétention de supprimer la pauvreté et d'organiser le bien-être universel,

mais qui remédiaient aux abus et étendaient peu à
peu la protection de la société sur les classes souffrantes.

La première loi qui sortit de ce travail fut pré-
sentée par M. Anatole de Melun, représentant du
Nord. Il avait été frappé par l'insalubrité des logements des ouvriers de Lille, qui, entassés avec leur
famille souvent fort nombreuse dans des caves
infectes, y manquaient d'air et de lumière. Sa proposition avait pour but de faire disparaître ces dan-
gereuses tanières, d'empêcher qu'à l'avenir les pro-
priétaires multipliassent les chambres malsaines et
les réduits obscurs, en se faisant un revenu aux
dépens de la santé et de la vie de leurs pauvres loca-
taires.

« M. Thiers, rapportent les *Mémoires*, accusa notre
projet d'être socialiste et en eût volontiers proposé
le rejet ; mais nous nous révoltâmes, mon frère et
moi, avec une certaine énergie. Nous le priâmes
très nettement de ne pas confondre le socialisme
avec la charité et de retrancher cette épithète mal-
sonnante de son vocabulaire lorsqu'il parlerait de
nous et de nos œuvres. La commission nous donna
raison, et la loi passa à l'Assemblée sans grande
opposition. » (22 avril 1850.)

La leçon ne fut pas perdue, car ce fut la seule fois
où M. Armand de Melun dut échanger avec
M. Thiers des paroles un peu vives ; et après la
guerre de 1870, lorsque M. Anatole de Melun reprit
sa place de représentant du Nord à l'Assemblée
nationale, M. Thiers, qui lui témoignait une estime
particulière, se plut à l'appeler « l'homme le plus
sage de l'Assemblée ».

Vinrent ensuite :

1° La loi sur le *patronage des jeunes détenus* (5 août 1850), qui avait pour but de remplacer l'éducation corruptrice des prisons par celle des colonies pénitentiaires, dont le travail en plein air et la direction morale et religieuse devaient corriger et améliorer l'enfant coupable au lieu d'augmenter sa perversité ;

2° La loi sur la *Caisse générale des retraites pour la vieillesse* (18 juin 1850), qui plaçait l'épargne de l'ouvrier sous la sauvegarde de l'Etat, en lui garantissant un intérêt raisonnable et la mettant à l'abri de l'erreur et de la fraude, et assurait ainsi à sa vieillesse les économies des années de travail ;

3° La loi sur les *Sociétés de secours mutuels*, pour leur assurer tous les avantages de la vie civile, favoriser leur développement et augmenter ainsi leurs chances de durée. (20 juillet 1850.)

M. de Melun et son frère Anatole prirent une part active à la préparation et à la discussion de ces lois.

Nous ne pouvons que mentionner ici l'éloquente intervention de M. Benoist d'Azy dans l'importante discussion qui s'engagea, le 18 juin 1850, sur le projet de la *Caisse générale des retraites*, dont il était le rapporteur. Avec la grande autorité morale qu'il exerçait dans l'Assemblée, cet homme de bien ne cessait de prêter son appui à M. de Melun, dont il partageait entièrement les principes et les vues charitables.

CHAPITRE VII

Armand de Melun se préoccupait vivement de la jeunesse et de la préservation chrétienne de l'enfant du peuple. Indécis tout d'abord sur le meilleur moyen à prendre, il se décida pour le *patronage*. Le premier qu'il fonda fut placé sous la direction de la Société de Saint-Vincent de Paul. Les jeunes membres des Conférences étaient invités à venir passer leurs dimanches avec les fils des ouvriers, ce qui formait entre les uns et les autres des liens durables. Plus tard, il établit ses patronages sur des bases plus larges et fonda des salles d'apprentissage où l'on faisait marcher de front le travail et la piété. Mais les ressources faisaient défaut. Lui-même raconte qu'à la fin d'une année, croyant son budget équilibré, il lui tomba à l'improviste une note de 10,000 francs. Il n'y avait plus un sou en caisse. Le conseil se réunit alarmé. L'abbé Pététot qui était présent ne disait rien. Quand les avis furent donnés, il se leva en souriant et tirant de sa poche une liasse de billets de banque : « Voilà justement, dit-il, ce qu'on est venu ce matin m'apporter pour votre œuvre. » C'étaient dix billets de mille francs et l'encouragement en même temps que la bénédiction de la Providence. Ces traits sont fréquents dans la vie d'Armand de Melun.

L'œuvre fut si bien bénie qu'il pouvait dire vers la fin de sa vie dans un rapport : « Aujourd'hui 2,527 jeunes gens composent vingt associations... » L'exemple fut suivi partout en France et en quelques années on vit naître une foule d'institutions du même genre.

Cette œuvre du patronage avait toutes ses prédilections. Il la regardait comme sa famille. Il partageait la vie de ses jeunes gens, leurs amusements et surtout leurs exercices de piété. Il ne les appelait jamais que : Mes enfants. Un dimanche du mois d'août 1850, nous eûmes le bonheur de l'accompagner à la distribution des prix aux apprentis du faubourg Saint-Antoine. En retrouvant, dans nos *Annales*, le compte rendu que nous y fîmes de cette intéressante réunion, nous sommes heureux de le reproduire ici, parce qu'il montre exactement ce qu'était l'œuvre à cette époque, et avec quels nobles sentiments M. de Melun lui prêtait son dévoué concours, disons mieux, son affectueuse direction.

Près de trois cents jeunes apprentis et enfants des manufactures étaient réunis dans l'école de la rue de Charonne, fondée six années auparavant. Cette réunion avait un caractère grave et digne qu'on est peu habitué à trouver dans les fêtes de ce genre. Elle avait lieu dans la grande salle d'un ancien couvent, convertie en école. Les enfants étaient à leur place ordinaire, devant leurs pupitres, comme aux classes du soir. A droite et à gauche se pressaient, attentives et recueillies, leurs mères et leurs sœurs. Les bons frères, heureux par avance des succès de

leurs jeunes élèves, faisaient avec un zèle empressé
les honneurs de la fête. Au fond de la salle, sur une
estrade, était une table toute chargée de beaux livres
et de couronnes. Derrière cette table, M. le Curé de

Sainte-Marguerite et M. de Melun, représentant du
peuple, occupaient les places d'honneur, accompa-
gnés de plusieurs membres de l'œuvre, parmi lesquels on remarquait plusieurs patrons venus pour
couronner leurs jeunes apprentis. Au-dessus d'eux
s'élevait un autel, et Dieu lui-même semblait prési-

M. de Melun adressa aux enfants une petite allocution
(page 58).

der à cette touchante réunion. Les enfants commencèrent par chanter les louanges du Très-Haut ; ils entonnèrent ensuite une hymne à la patrie, avec ce refrain si connu de l'Orphéon :

Pour la défendre,
Ses fils sont toujours là !

Quand les chants eurent cessé, M. de Melun, président et fondateur de l'œuvre, adressa aux enfants une petite allocution.

En voyant de quelle manière ses paroles étaient écoutées et applaudies, nous ne pouvions nous défendre d'une réflexion. Là, au sein du faubourg Saint-Antoine, où naguère l'insurrection triomphante tenait en échec, pendant trois jours, toutes les forces de l'ordre social, une simple œuvre de charité était venue conquérir le cœur et l'intelligence des enfants de ces ouvriers un instant égarés ; elle était venue substituer les purs enseignements de l'école chrétienne aux fanatiques prédications des clubs, et réunir, par les liens mutuels de l'affection et de la reconnaissance, ceux qu'avaient divisés, pendant quelques mois, des défiances injustes et de perfides calomnies.

De tels résultats nous donnent le droit de le répéter avec une conviction profonde : Oui, mieux que l'autorité des lois et de la force publique, mieux que toutes les théories de l'économie politique ou sociale, la charité est appelée à signer le traité de paix entre tous les membres d'une société qui ne peut prospérer que par l'accord sincère du travail, de la science et de la religion.

Plus de quarante années se sont écoulées depuis

que, sous l'inspiration de M. de Melun, notre vénéré maître, nous écrivions les lignes qui précèdent. Aujourd'hui, après cette longue expérience des hommés et des choses, après les nouvelles crises qui ont si profondément troublé l'ordre social et le menacent de plus en plus, nous ne voyons qu'un mot à y ajouter, en demandant « l'accord sincère du travail, du *capital,* de la science et de la religion. »

Sa charité ne devait pas se borner à la jeunesse. Il s'occupa bientôt d'étendre l'*Association de Saint-François-Xavier* des patrons aux ouvriers et de fonder des sortes de corporations. N'était-il pas vraiment comme il s'appelait lui-même, un ambitieux de la charité? A cette époque on s'occupait encore de le marier. D'autre part, Mgr Affre lui parlait du sacerdoce. Armand de Melun resta dans le monde et à ses œuvres.

Tant de travaux l'avaient épuisé. En 1843 il alla chercher du repos en Vendée. L'année suivante il dut encore se reposer dans sa famille. Vers cette époque il eut la douleur de perdre sa sœur, Blanche de Melun, qu'il affectionnait tendrement. Ces épreuves loin de l'abattre lui donnèrent un nouvel élan.

En 1844 il fondait une revue de charité, *les Annales de la Charité,* comme il l'appela. On forma un comité de rédaction et elles parurent au 1er janvier 1845. Elles étaient un appel à toutes les bonnes volontés sans distinction de partis. Le succès fut grand. La revue prit même des proportions plus considérables et devint *la Revue d'économie chrétienne,* puis *le Contemporain.*

Mais ce qui surtout donna aux *Annales* une grande

importance, c'est qu'elles devinrent l'organe d'une autre œuvre : *la Société d'économie charitable.* Cette société avait pour but de créer un courant intellectuel pour l'étude des questions de bienfaisance. Elle devait aller plus loin et fournir au Parlement des idées et des hommes. M. de Melun fut nommé président de la nouvelle société et dirigea les études et les débats avec une expérience et une compétence consommées. On y traitait les questions les plus intéressantes : les enfants trouvés, les secours à domicile, le travail et le salaire, les ateliers de charité, les colonies agricoles, le régime des prisons, les dépôts de mendicité, les monts-de-piété, etc.

Au milieu de tant d'occupations et huit mois à peine après la mort de sa sœur, Armand de Melun eut à craindre pour la vie de son père. Mais cependant le vieillard surmonta la crise. Rassuré de ce côté, il dut songer à se soigner lui-même et partit pour l'Allemagne dans le dessein d'étudier en même temps les institutions charitables de ce pays. Il revint par la Suisse et visita de nouveau le sanctuaire de Notre-Dame des Ermites. A son retour il fut délégué par la Société d'économie charitable, pour la représenter à un congrès réuni à Bruxelles pour l'étude du meilleur régime pénitentiaire. Il en profita pour lancer une idée qu'il caressait depuis longtemps, celle de créer une *Société internationale de charité.* Il réussit pleinement. La Société d'économie charitable fut choisie pour l'intermédiaire de cette sainte alliance dont les *Annales* furent l'organe.

A peine de retour, son père eut une nouvelle crise. Il dut courir à Brumetz. La crise passée et surmontée il revint à Paris. Ses œuvres avaient fait du chemin. Un mémoire qu'il avait publié sur les réformes charitables avait été lu à la Chambre des pairs et comblé d'éloges. Armand de Melun fut même nommé membre de la commission pour l'examen des réformes demandées. On pensait à le

faire entrer à la Chambre des pairs et à l'Académie des sciences morales et politiques. La révolution de 1848 mit à néant tous ces projets.

Cette révolution de 1848 ne surprit, ni n'effraya Armand de Melun. Elle lui montrait la nécessité plus pressante que jamais de poursuivre son œuvre de régénération sociale par la charité. On augmenta le nombre des membres de la *Société d'économie cha-*

Il visita le sanctuaire de Notre-Dame des Ermites (page 63).

ritable. On fit de nombreuses séances et on en publia tous les travaux.

Armand de Melun multiplia les démarches et utilisa ses relations pour protéger ses œuvres. Il se laissa même porter aux élections mais ne mit pas de zèle à défendre sa candidature. Il échoua sans le regretter.

Une autre œuvre le préoccupait: Il voulait arriver à faire adopter une famille pauvre par chaque famille riche. Il fut aidé par Madame de Lamartine. L'œuvre prit d'abord le nom de *Fraternelle* avec une organisation qui sentait son origine républicaine et la marque de fabrique. Mais bientôt on y substitua le nom d'*Œuvre des familles.* L'idée se répandit dans Paris comme une traînée de poudre. Lamartine y voyait le salut de la France. Mais les temps étaient trop agités pour que le salut vint de là. Si Armand de Melun souffrait dans ses convictions politiques, sa charité demeurait inébranlable. Il avait passé quelques jours dans sa famille. A son retour il courut dans les faubourgs et eut la joie de constater que bon nombre de ses jeunes gens avaient fait leur devoir de bons citoyens. L'émeute une fois apaisée on songea à porter secours aux malheureux qui se cachaient par crainte de la justice. Le docteur Trélat, maire du XIIe arrondissement où la bagarre avait été plus furieuse, chargea Melun d'organiser la visite à domicile. Il était expressément défendu d'interroger sur la participation à l'émeute.

Tout réussit mieux qu'on ne pouvait l'espérer. Cependant cette distribution de secours n'arrangeait guère la situation. Il fallait trouver du travail. Heureusement la question de la colonisation de l'Algérie

se présentait et le général de La Moricière put emmener une colonie parisienne qui trouvait ainsi des
moyens de subsistance et de moralisation.

On s'occupait alors de réorganiser l'assistance
publique. Melun fut appelé à faire partie de la commission pour l'étude de la loi. Mais les divisions de
l'Assemblée empêchèrent tout résultat. Melun publia
néanmoins une brochure où il traitait de l'instruction et de la protection de l'enfant, des secours aux
malades, des sociétés de prévoyance, de la réhabilita-
tion par la tutelle, de l'approvisionnement du travail,
de l'assistance des pauvres...

L'archevêque de Paris, Mgr Sibour, entrant dans
les vues de Melun, créa *une association générale de
charité* dont les statuts étaient dus à la plume de Melun
lui-même. Dans une lettre pastorale il recommandait *l'Œuvre des familles.*

CHAPITRE VIII

M. DE MELUN A L'ASSEMBLÉE LÉGISLATIVE. — COUP
D'ŒIL RÉTROSPECTIF.

Le prince Louis-Napoléon, au lendemain du 10 décembre, donna le ministère de l'instruction publique et des cultes à M. de Falloux. Celui-ci n'eut rien de plus pressé que d'engager Melun à se présenter aux élections de mai 1849. Melun, dans l'intérêt même de ses œuvres, ne résista pas. Il se laissa porter dans l'Ille-et-Vilaine et fut élu sans aucune démarche personnelle. Son frère était également nommé dans le département du Nord. Melun n'envisagea son succès que comme un moyen de représenter et de défendre les pauvres et les petits.

Son premier acte, à peine entré à l'Assemblée, fut de demander la nomination d'une commission pour rechercher les moyens d'améliorer le sort des classes pauvres. On lui fit beaucoup de promesses et beaucoup d'avances, mais il en devina le but et comprit qu'on voulait faire de lui un instrument de règne. Il fut mandé à l'Elysée et vit tout de suite que l'empereur entendait exploiter ses œuvres au profit de son influence en s'en attribuant le mérite pour appuyer sa popularité. Sans rien dire de plus, il déposa le lendemain une proposition sur le bureau de l'Assemblée. Quand vint le jour de la discussion

Victor Hugo, se plaçant sur un terrain socialiste, prit la défense du peuple et accusa amèrement la société. Armand de Melun crut sa cause perdue. Il s'esquiva même, mais son frère le força à défendre sa proposition. Il le fit et obtint plein succès. La proposition fut renvoyée aux bureaux pour la nomination d'une commission de trente membres.

Il y eut encore quelques difficultés pour la nomination de la commission, mais enfin elle fut nommée. Melun refusa de la présider, elle choisit alors Mgr Parisis. M. Thiers faisait partie de la commission. Il voyait du socialisme partout, même dans toutes ces œuvres charitables. C'est ainsi qu'il combattit vivement une autre proposition du frère de Melun pour l'assainissement des logements insalubres. Et cependant la loi fut votée. Mais les préfets de Paris, s'appuyant sur cette loi, en abusèrent sous prétexte d'assainissement pour exproprier des quartiers entiers et abattre la moitié de la ville.

Grâce à la persévérance de Melun et au mouvement qu'il avait créé, trois autres lois furent encore votées par la législature de 1850 : loi sur *la Caisse des retraites* ; loi sur *les Sociétés de secours mutuels* ; loi sur *l'Education et le Patronage des jeunes détenus.*

Beaucoup d'autres projets étaient en préparation. On devait s'occuper des enfants trouvés, des hospices, des secours à domicile, du service médical à la campagne, de l'apprentissage, du travail des enfants et des femmes.

On étudiait la question des monts-de-piété, de l'assistance judiciaire, des bains et lavoirs publics, du mariage des indigents, de leur envoi et admission gratuite aux eaux thermales.

Melun poursuivait un triple but : 1º la décentralisation administrative de l'assistance publique ; 2º la conciliation de l'assistance publique et de la charité privée et religieuse, en faisant de préférence appel à celle-ci et à son dévouement ; 3º la rentrée de l'action religieuse dans l'assistance publique en rappelant, partout où il avait à faire, le prêtre qu'avaient exclu les préventions du régime de 1830.

On comprend que des intentions si profondément chrétiennes aient rencontré de grandes contradictions. En attendant, Melun voyait se concentrer en ses mains tous les projets émanant de la charité administrative aussi bien que privée. Il était pour ainsi dire la représentation de la charité, le Vincent de Paul du XIXe siècle, comme on l'appelait déjà.

Melun ne craignait pas de se mettre en rapport direct avec l'ouvrier. Il visitait des ateliers et était reçu partout en ami connu depuis longtemps. Toutes les ovations dont il était l'objet dans les milieux ouvriers n'étaient point sans éveiller certaines inquiétudes et donner prise à la malveillance. Certains lui faisaient une réputation de socialisme. Melun ne s'en préoccupait guère. Il marchait droit. Sa seule politique était la modération, la droiture et l'honnêteté. En fait le succès couronnait ses efforts. Il avait fait recevoir à l'Assemblée législative de 1851 ses rapports sur *les hospices*, sur *le placement des ouvriers* et sur *les loteries*. On avait voté une loi sur *le mariage des indigents* et *l'assistance judiciaire*. On avait amélioré la législation *des monts-de-piété* et *des caisses d'épargne*. On avait voté un crédit de 600,000

francs pour création *de lavoirs et de bains publics*.
C'était un motif d'espérer autre chose encore. Mais
la France demeurait toujours agîtée. On marchait
encore vers un changement, vers l'Empire. L'œuvre
de Melun devait rester inachevée. Malgré tout, plusieurs des lois qu'il a inspirées subsistent encore.
D'autres se sont améliorées. D'autres aussi furent
mutilées et supprimées. La gloire de Melun n'a pas
à en souffrir et son mérite demeure grand devant
Dieu et devant les hommes.

La grande question à cette époque était celle de la
liberté d'enseignement. Elle souleva une lutte formidable, colossale et eut des défenseurs et des adver-
saires éloquents. Melun y prit part et entra dans les
commissions. La loi, malgré quelques lacunes, fut
votée le 15 mars 1850. Ce fut un moment de repos et
de paix pour le pays. Melun en profita pour visiter
l'Angleterre afin d'y étudier de près le fonctionne-
ment de la bienfaisance. Les maisons de travail ou
workhouses lui causèrent une douloureuse désillu-
sion. La misère y était affreuse. De toutes les institutions de bienfaisance, celle qu'il examina avec le
plus d'intérêt fut le régime pénitentiaire des prisons
anglaises. Il ne fut pas non plus satisfait car il voulait toujours que la prison, tout en étant un châti-
ment, fut aussi et surtout favorable à la réhabilita-
tion et à la moralisation au moyen de la religion.
Néanmoins ce voyage lui fut profitable à tout point
de vue.

Quand il revint en France, il la trouva plus divisée
que jamais. On était à la veille du coup d'Etat. Melun
en apprit la nouvelle au moment de se rendre à
l'Assemblée. Il courut avec son frère à la mairie du

X^e arrondissement pour voir ce qu'il y avait
à faire. Il y trouva les principaux chefs de
de l'opposition. On prit quelques mesures à la hâte.
Mais le mouvement grandissait. La partie était perdue. On les mit en état d'arrestation et on les dirigea
sur Vincennes. Le lendemain arriva un ordre d'élar-
gissement pour le plus grand nombre des prisonniers. On ne gardait que les plus hostiles au Président. Armand et son frère étaient libres. Armand
fut dégoûté de la vie politique et revint avec bonheur
à ses œuvres que sa députation l'avait forcé de
négliger.

CHAPITRE IX

M. DE MELUN SE TOURNE VERS LES INSTITUTIONS DE PRÉVOYANCE.

Un homme de charité comme M. de Melun n'était pas fait pour les agitations de la politique, moins encore pour les luttes trop souvent répétées du régime parlementaire. Aussi n'eut-il pas de peine à rentrer dans sa vie ordinaire, en reprenant le service des œuvres, la direction des *Annales de la Charité* et les travaux de la Société d'économie charitable. A cette époque de crise ouvrière, il s'occupa spécialement de combattre le paupérisme au moyen des institutions de prévoyance.

Dans le numéro des *Annales* publié vers la fin de décembre 1851, c'est-à-dire quelques semaines après le coup d'Etat, il adressa un appel pressant à tous les hommes de bien, pour les engager à travailler plus ardemment que jamais au salut de la société, qui venait d'échapper à un si grand péril.

Après y avoir montré la nécessité de s'occuper des populations rurales, en proie dans beaucoup de départements aux ravages du socialisme, M. de Melun indique divers moyens de le combattre, en signalant spécialement les *sociétés de secours mutuels.*

Melun retrouvait donc sa vraie vocation. Son père

était mort en juillet 1849. La charité devenait donc son unique souci et sa meilleure consolation. On a vu qu'il avait fondé une œuvre en faveur des apprentis. Il fallait bien aussi s'occuper des jeunes ouvrières. On convoqua une Assemblée de dames charitables. Les statuts furent votés. Pour triompher de toutes les difficultés, Melun fit appel à la sœur Rosalie qui se mit immédiatement à l'œuvre et commença des réunions. L'exemple fut suivi. Le supérieur général des Lazaristes amena les filles de la Charité à prêter leur maison pour les réunions mensuelles. Quelques années plus tard l'archevêque de Paris se faisait le patron de l'œuvre et lui donnait un directeur. Le Saint-Père l'érigea en confrérie en la comblant d'indulgences. La province imita Paris et quand M. de Melun mourut, onze mille jeunes filles, dans la seule ville de Paris, faisaient partie de cette œuvre admirable.

L'année suivante 1852 vit naître une autre institution toute différente de celles dont s'occupait M. de Melun. Il s'agissait des sociétés de secours mutuels. Napoléon voulait par cette création maintenir sa popularité et sa dictature. Il eut encore recours à M. de Melun à qui il demanda ses services. Pressé par l'archevêque de Paris et ne voyant que le bien à faire, Melun ne refusa pas son concours, tout en conservant son indépendance. L'œuvre réussit et pendant dix ans Melun en fut le rapporteur.

Nous devons rendre cette justice au prince-président que, dans une circonstance où il aurait pu faire prévaloir ses idées personnelles, il a eu la sagesse d'écouter les conseils de l'expérience et de suivre les inspirations du dévouement le plus désintéressé.

Témoin de la confiance qu'il mettait alors à si juste titre en M. de Melun, nous devons dire qu'il a été jusqu'à lui confier la rédaction de la circulaire adressée, le 29 mai 1852, par le ministre de l'intérieur, à tous les préfets pour leur donner les instructions nécessaires à la création des nouvelles sociétés.

En voyant ces instructions, qu'il avait lui-même rédigées, paraître au *Journal officiel* sous la signature du ministre de l'intérieur, en disposant de toutes les forces du gouvernement et du concours du clergé pour les mettre en pratique, M. de Melun dut croire qu'il touchait cette fois au but de ses persévérants efforts et de sa noble ambition pour le bien public.

Napoléon devenu empereur cherchait toujours une occasion de récompenser Melun. Celui-ci refusait toutes les charges et voulait demeurer fidèle à ses convictions. L'empereur prit prétexte d'une lecture de rapport sur l'œuvre et lui donna la croix. Melun pris au piège dut s'incliner.

Jusqu'à la fin de l'Empire, c'est-à-dire pendant dix-huit années, M. de Melun demeura chargé du rapport annuel, et s'acquitta toujours de cette tâche avec le même zèle et le même dévouement.

Pendant les premières années de l'application du décret du 26 mars 1852 sur les sociétés de secours mutuels, l'empereur ne cessa de s'intéresser vivement au succès de cette grande et belle institution. « A cette époque, lisons-nous dans les *Mémoires* de M. de Melun, l'empereur était enchanté de mes travaux. Sachant ma volonté fermement exprimée de n'accepter aucune position dans son gouvernement, il demandait à tous ceux qui l'entouraient ce qu'il pouvait faire pour me récompenser.

« ... A la présentation de mon premier rapport, au palais de Saint-Cloud, Persigny, encore ministre de l'intérieur, vint au-devant de moi et me demanda de la part de l'empereur si je n'accepterais pas la croix d'honneur, qu'en raison des services rendus aux sociétés de secours mutuels il avait l'intention de me donner. Surpris de cette question à laquelle j'étais loin de m'attendre, je lui dis que l'ayant déjà refusée sous Louis-Philippe, alors que M. de Salvandy me l'offrait en récompense de mes œuvres, je croyais qu'il valait mieux la réserver pour des services d'une autre nature et pour des hommes à qui elle ferait beaucoup plus de plaisir.

« Le ministre me quitta pour se rendre auprès de son maître ; puis, au moment même où l'on nous introduisait dans le cabinet impérial, il se pencha vers moi et me dit à l'oreille :

« — Je vous préviens que l'empereur veut vous décorer lui-même. »

« La séance commença avant que j'eusse le temps de répondre. M. Rouher présenta mon rapport, en le résumant et en faisant ressortir mon zèle et mes travaux. L'empereur remercia la commission et ajouta qu'il ne croyait pas pouvoir mieux lui prouver sa reconnaissance qu'en donnent la croix d'honneur à celui qui en était l'âme. Il me remit en même temps une croix qu'il tenait à la main. Assez troublé de cette scène, je me contentai de répondre, en m'inclinant, que je l'acceptais au nom de tous mes collègues, dont chacun l'avait méritée aussi bien que moi. »

J'assistais à cette scène avec tous les membres de la commission supérieure dont j'étais le secrétaire, et je puis dire, sans crainte d'être démenti, qu'elle a été reproduite avec la plus scrupuleuse fidélité. Assurément le loyal auteur des *Mémoires* n'a pas besoin de mon humble témoignage ; mais je considère comme un devoir d'attester ici que le désintéressement de M. de Melun est toujours resté à la hauteur de son dévouement. Il n'a tenu qu'à lui de mettre à profit la faveur impériale, et il n'en a usé qu'au bénéfice de l'œuvre qui lui était la plus chère. Pendant deux ans, l'œuvre des Apprentis reçut chaque année 40,000 francs au lieu de la subvention ordinaire de 1,000 francs.

Nous devons ajouter qu'au risque de s'aliéner la bienveillance du souverain, il sut intervenir courageusement chaque fois qu'un intérêt social ou charitable était en jeu. Une des circonstances où il le fit avec le plus d'ardeur et d'efficacité, ce fut lorsque le gouvernement annonça le projet de vendre les biens-fonds des hospices et hôpitaux, pour en convertir le prix en rentes sur l'Etat. Chaque année, la commission supérieure des sociétés de secours mutuels était appelée aux Tuileries pour présenter son rapport, toujours rédigé par M. de Melun. En 1858, le 15 mai, c'est-à-dire le jour même où la commission apportait le rapport annuel au chef de l'Etat, le *Moniteur* avait publié le décret qui prescrivait cette déplorable mesure. En attendant l'audience impériale, M. de Melun rencontrant le ministre, qui devait assister à cette audience, ne lui dissimula pas combien une pareille mesure, inspirée par une spéculation financière, lui paraissait contraire aux intérêts des pauvres. Lorsqu'on fut en présence de l'empereur, le général Espinasse, alors ministre de l'intérieur, eut la loyauté d'appeler son attention sur les objections qui venaient de lui être faites. « Voyons donc, j'entendrais volontiers les observations de M. de Melun, » dit l'empereur en s'approchant de lui avec un air d'intérêt.

Ses raisons furent si convaincantes et produisirent sur l'empereur une telle impression, que la funeste mesure ne tarda pas à être abandonnée. C'est ainsi que, par son intelligente résistance et sa courageuse fermeté, M. de Melun rendit à nos établissements hospitaliers l'immense service de sauver la meilleure partie de leur patrimoine.

Un autre honneur qu'il apprécia davantage lui vint des religieuses de l'hospice de Baugé, fondé par une de ses parentes. On l'invita à la célébration du second centenaire de la fondation. Il s'y rendit. C'était le 26 novembre 1850. Ce fut un vrai triomphe. La ville était en fête, illuminée et pavoisée. Melun y versa des larmes de bonheur. Le soir il se passa un fait charmant. Comme on allait tirer le feu d'artifice, on prévint le curé d'un baptême à faire dans la soirée. « Et l'enfant est-il pauvre ? demande Melun. — Oui, Monsieur, et très pauvre. — Dans ce cas, dit-il, je serai heureux de lui servir de parrain. » L'élan se communique : la femme du maire s'offre comme marraine et l'évêque, qui était de la fête, veut baptiser lui-même cet enfant qui ne fut remis à sa mère qu'avec les gratifications les plus généreuses.

Baugé garda le souvenir de ces fêtes et en 1852 on supplia Melun de se laisser porter comme candidat aux fonctions de maire et de conseiller général. Il accepta et fut élu. Il prit son rôle fort au sérieux et débarrassa la ville d'une coterie voltairienne. Il fonda un collège chrétien, des patronages et des sociétés de secours mutuels. Il dut lutter, comme on le pense bien, pour en arriver à ces résultats, mais la lutte était sa vie et la charité son arme.

C'est à la suite de ces évènements qu'il entreprit de retracer la vie de Mademoiselle de Melun, la fondatrice de l'hospice de Baugé. Le succès en fut considérable. Il en abandonna le profit aux pauvres.

CHAPITRE X

L'heure de l'épreuve allait bientôt sonner plus cruelle que jamais encore pour M. de Melun. Mais rien ne pouvait décourager cet homme fort de la force même de Dieu qu'il savait mettre de son côté par une foi invincible, une espérance ferme et une prière fervente. Les approches de la tempête lui faisaient renouveler son énergie et son zèle.

Il organisa *la réunion internationale de charité* avec *l'exposition des objets à bon marché,* durant l'exposition universelle de Paris en 1855. Plus de cent représentants des Etats de l'Europe et des diverses parties de la France répondirent à son appel. Les séances s'ouvrirent le 19 juillet 1855, fête de saint Vincent de Paul. Melun fut nommé président du bureau. On s'y occupa de toutes les questions de charité et de bonnes œuvres, mais surtout d'une exposition spéciale d'économie domestique pour les objets de ménage commodes et à bon marché, à l'usage des classes ouvrières.

Une autre question préoccupait M. de Melun, c'était celle de la presse qui, par certaines productions et publications immorales, pervertissait l'ouvrier. Le gouvernement venait de fonder une bibliothèque scolaire dans chacune des écoles primaires de l'Empire, mais sur une base exclusivement administrative et où la religion n'avait aucune intervention. Il venait aussi de se former sous le titre de *Société Franklin* une association maçonnique pour l'approvisionnement des bibliothèques communales de France.

Pour parer à ce mouvement mauvais, Melun travailla à la constitution d'une *Société catholique pour l'amélioration et l'encouragement des publications populaires*. Il en fut nommé le président et se mit à cette œuvre avec l'entrain de son zèle.

Il y fut puissamment aidé par une œuvre parallèle, l'*Œuvre de Saint-François de Sales*, dont Mgr de Ségur avait été l'inspirateur et dont Melun faisait lui-même partie.

Ces deux œuvres subsistent encore et rendent les plus éminents services. La *Société bibliographique et des publications populaires* est située rue Saint Simon, 2 et 5, VIIe arrondissement. L'*Association catholique de Saint-François de Sales* même rue.

Vers le même temps Melun avec le concours de M. de Lambel avait fondé l'*Œuvre des Campagnes* qui avait pour objet d'aider à l'apostolat des curés de campagne, en fournissant aux paroisses pauvres des ressources nécessaires au culte, aux missions, à l'établissement des sœurs institutrices ou hospitalières, à la diffusion des bons livres, aux institutions de persévérance, à la création de petites pharmacies, en un mot à toutes les œuvres de piété et de charité que comportent les campagnes.

Cette œuvre dont la direction est rue de Sèvres, 35, a déjà rendu les plus inappréciables services.

Ce n'était pas encore assez pour l'apostolat de

M. de Melun. On était alors en 1855 en pleine guerre de Crimée. Il se préoccupa de la régénération des Musulmans. C'est le baron Cauchy qui donna naissance à l'idée, c'est Melun qui en fut l'âme. C'est lui qui lutta contre toutes les difficultés venues de tous côtés : de l'association de la Propagation de la Foi, des ordres religieux, apôtres rivaux de l'Orient, du gouvernement qui se montrait difficile pour le choix du président de l'œuvre. Enfin elle surgit sous le nom d'*Œuvre des écoles d'Orient*. Quelques années plus tard, en 1860, elle portait près de trois millions aux Maronites victimes des massacres de Syrie. Aujourd'hui le nombre des écoles qu'elle a fondées est incalculable. Son directeur est le P. Charmettant, rue du Regard, 12.

En cette même année 1855, M. de Melun avait perdu sa mère. Ce fut une cruelle blessure pour son cœur. Cette mort le mettait dans un isolement plus grand que jamais. Tous les siens insistèrent pour qu'il se mariât. Il résistait beaucoup et finit enfin par céder. Il épousa, le 2 septembre 1857, Mademoiselle Marie de Rochemore. Mgr Parisis, évêque d'Arras, bénit cette union dans la cathédrale de Boulogne. Ce mariage ne devait pas amener le divorce avec la charité, car sa noble compagne était au contraire bien douée pour l'aider et l'encourager dans toutes ses entreprises charitables.

Quelques jours après son mariage, Melun reçut le dernier soupir de Madame Swetchine, sa seconde mère. Au lendemain de ses noces, Armand de Melun lui avait, sur son désir, présenté sa femme. Malgré la maladie dont elle souffrait et qui allait l'emporter, Madame Swetchine reçut Madame de

Melun avec les démonstrations de la plus sincère affection. Quatre jours après elle expirait.

M. de Melun faisait paraître à cette époque la vie admirable de la Sœur Rosalie, morte le 6 février 1856, quatre mois après la mort de la mère de M. de Melun et dix-huit mois avant Madame Swetchine. Toutes ces séparations déchiraient cruellement le cœur de M. de Melun.

Son histoire de la Sœur Rosalie lui procura quelques consolations. Pie IX voulut la lire et l'Académie voulut la couronner. Quelques semaines avant que l'Académie rendit justice à son talent, Melun devenait père d'une petite fille qu'il appela Anne de Melun. Ce fut une bien grande joie pour lui ; mais elle fut courte, car il perdit son enfant deux ans plus tard.

Trois mois après c'était Madame de Lespinay, sa sœur, qui mourait. Sa religion se fortifiait au sein de ces épreuves. Dans un voyage qu'il fit à cette époque, il visita le sanctuaire de Notre-Dame de la Salette pour demander un fils à la Mère de Dieu. L'année suivante, jour pour jour, un an après son pèlerinage, il avait un fils qu'il nomma Joseph.

Sur ces entrefaites, il entreprit d'écrire la vie de Madame du Baral, vie si remplie en œuvres de charité et de miséricorde. Jamais plus beau sujet ne trouva un écrivain plus capable de le traiter.

Il y trouva même une inspiration pour une nouvelle œuvre en faveur des prisonniers libérés. L'œuvre prit le nom de *Sainte-Anne*. On acheta une maison, c'est-à-dire qu'on s'endetta pour quarante mille francs. Le conseil délibérait et semblait hésiter à encourir une telle responsabilité quand une

lettre arriva qui annonçait la mort d'une dame dont
le testament léguait cinquante mille francs à la fondation de Sainte-Anne. C'était un puissant encouragement à marcher de l'avant.

Mais à cette époque l'Empire avait décidément
rompu avec l'Eglise.

On profita des moindres prétextes pour déclarer
la guerre aux œuvres catholiques. La première
visée fut la société de Saint-Vincent de Paul. Un
premier assaut avait été détourné. Mais le calme
n'était qu'apparent.

Sur ces entrefaites arriva le congrès des puissances européennes, proposé par la France pour la
pacification de l'Italie.

Dès que le *Moniteur* du 11 novembre 1859 eut
annoncé la réunion prochaine d'un congrès, réuni
sous le fallacieux prétexte d'assurer la pacification
de l'Italie, M. de Melun fut l'un des premiers à jeter
le cri d'alarme dans sa brochure intitulée : *La question romaine devant le Congrès,* qui eut un grand
retentissement.

« On aura beau le nier, dit-il en terminant, à cette
heure devant le congrès et devant l'Europe émue,
un grand procès va se juger. L'Eglise catholique,
dans la personne de son chef, est accusée de ne pas
savoir gouverner les hommes, d'avoir abusé de son
autorité, d'avoir gaspillé les deniers qu'elle consacre
au soulagement de toutes les misères,... et la Révolution, pour prix de ses dénonciations et de ses
attaques, réclame les dépouilles du Saint-Siège. S'il
suffit d'un soulèvement de quelques mécontents
pour justifier la révolte, il se trouvera toujours quelque émissaire de la vente centrale, quelque agent

d'une société secrète, quelque envoyé d'une ambition voisine pour souffler l'émeute et donner des droits à la séparation. Ainsi à la piste de tous les évènements, à l'affût de toutes les occasions, — et Dieu sait si, dans ces temps, les occasions de trouble manquent, — la Révolution gagnerait de proche en proche, enlèverait peu à peu au Saint-Père toutes ses villes, s'emparerait de toutes ses positions, et bientôt assiégerait ou plutôt tiendrait prisonnière la papauté dans Rome. »

M. de Melun écrivait cette page vraiment prophétique un an avant Castelfidardo, dix ans avant l'entrée des Piémontais dans la Ville Eternelle !

Après le coup d'Etat du 2 décembre 1851, en voyant M. de Melun prêter son concours au prince-président pour la propagation des sociétés de secours mutuels, on avait pu trouver qu'il s'était encore laissé illusionner, comme en 1848, par son amour passionné du bien public. Mais après avoir lu ces appréciations si justes et si vraies de la politique impériale à l'égard du Saint-Siège et de l'unité italienne, on ne l'accusera pas du moins d'avoir manqué de clairvoyance.

Mais rien ne pouvait enrayer le progrès de la Révolution. Bientôt le gouvernement lâcha toute la meute révolutionnaire contre la société de Saint-Vincent de Paul. On y vit un Etat dans l'Etat, une conspiration des Jésuites en faveur de l'ancien régime. Melun voulut sauver la société en faisant entrer dans le conseil central plusieurs membres connus pour bonapartistes. Mais les affaires de Rome envenimaient les esprits. On exigea l'exclusion de certains membres hostiles au gouvernement, la sup-

pression des conseils centraux et départementaux,
la nomination par l'Empereur du président général
de la société. Melun se multiplia et écrivit au pouvoir. On répondit à ses démarches par la dissolution
du conseil général de Saint-Vincent de Paul. Le
16 octobre parut une circulaire adressée aux préfets
et où l'on affectait de confondre les sociétés religieuses et les loges maçonniques. C'en était fait. La
société était décapitée.

Melun continua ses efforts. Il fit entendre des
réclamations pressantes sans cependant jamais se
départir de la modération. Toutes les négociations
échouèrent. Melun pleura sa chère société. C'était
un coup terrible porté à l'Eglise dans une de ses
œuvres les plus admirables.

Tant d'épreuves ne ralentirent nullement le zèle
de M. de Melun. Mais avant tout, dans ses œuvres
multiples, il n'entendait faire le sacrifice d'aucune
de ses convictions.

En 1862, il provoqua un congrès international
de charité à Londres, de concert avec la « Société
anglaise pour l'avancement des sciences sociales ».
Sur la nouvelle que le président de cette société
avait prononcé à Dublin un discours contre le
pouvoir temporel du Pape, il demanda immédiatement la séparation de l' « Association pour les
sciences sociales » d'avec le « Congrès de la charité. »
Il obtint gain de cause et le congrès résolut caté-
goriquement d'écarter toute discussion de nature à
blesser les sentiments les plus chers et les convictions les plus sacrées. Melun eut la vice-présidence
du congrès.

Comme on le voit, Melun était homme de principes et chrétien avant tout. Ses voyages, ses écrits, les réunions auxquelles il prenait part tendaient tous au même but : le bien du pauvre. Sa charité avait conquis cette universalité qui était son rêve. Il avait droit de jouir de ses succès.

Cependant le courant des mauvaises doctrines faisait partout d'affreux ravages. L'évêque d'Orléans avait dénoncé au monde entier le péril social de l'athéisme. Dès 1867 on avait fondé une œuvre dont Melun faisait partie, dans le but de travailler à la propagation et au perfectionnement de l'instruction fondée sur l'éducation religieuse. Elle s'appelait la *Société d'éducation et d'enseignement*. On résolut de faire entendre des réclamations en faveur de l'enseignement supérieur. Les évêques prirent la tête du mouvement. Ce fut une lutte mémorable.

En même temps que la question scolaire, la question ouvrière préoccupait M. de Melun. Il s'apprêtait à en saisir les Chambres, mais alors l'Empire était battu en brèche par le radicalisme. On était alors en 1869. Le concile du Vatican allait s'ouvrir et foudroyer les erreurs modernes. Melun suivait les évènements avec intérêt, sans s'étonner des fautes de certains catholiques, mais bien décidé à accepter avec soumission toutes les décisions de l'Eglise. Il eut le regret de voir quelques-uns de ses amis et des hommes qu'il estimait profondément manifester quelque hésitation.

———

CHAPITRE XI

LA GUERRE DE 1870. — LA COMMUNE.

La guerre déplorable et malheureuse de 1870
n'étonna pas M. de Melun. On peut dire qu'il l'avait
prévue. Dès 1866 il écrivait : « L'empereur se plaint
aujourd'hui que rien ne lui réussit plus. Pourquoi
n'explique-t-il pas sa mauvaise fortune par l'aban-
don qu'il a fait de ses devoirs de prince chrétien ? »
Dès 1869 il en prévoit les conséquences désastreuses :
notre écrasement par l'Allemagne et l'effondrement
du second Empire.

Sa charité prévoyante n'avait pas attendu cette
heure formidable pour soulager les misères de la
guerre. Dès 1859 on avait fondé des sociétés interna-
tionales et permanentes de secours pour les blessés.
Ces œuvres manquaient du caractère religieux.
M. de Melun à qui on demanda son précieux concours
travailla à l'y introduire. Il en fut nommé le vice-
président. Déjà à l'exposition de Paris on avait pu
voir une tente toute meublée d'objets destinés au
service et au transport des blessés. Mais alors toutes
ces précautions semblaient inutiles tant la paix paraissait solidement assise. La société était même sur
le point de se dissoudre quand éclata la guerre de
1870. L'œuvre se trouva prête pour les besoins pres-
sants. Au premier appel arrivèrent de tous côtés des

envois d'argent, de linge et de denrées. Puis des personnes de toute classe et condition offrirent leurs services pour les ambulances.

M. de Melun n'était pas pour peu dans cette admi-

rable organisation. Il se multipliait et n'épargnait ni les voyages, ni les fatigues. L'empressement de chacun à se dévouer était magnifique. M. de Melun disait avec admiration que tandis que la moitié de la France se faisait soldat, l'autre moitié se faisait sœur de charité. Melun espérait encore la victoire pour la France, mais c'était l'heure de la justice de Dieu. Melun mit tout son dévouement au service de

Un hôpital avait remplacé l'exposition de tableaux (page 86).

son pays. Il s'occupa de recruter, de choisir et d'organiser les aumôniers. L'archevêque de Paris s'en rapportait à lui en l'appelant « le grand aumônier de France. »

« Bientôt, écrit M. de Melun, les blessés arrivèrent à Paris. Des ambulances furent établies dans les gares, pourvues de tout ce dont ils pouvaient avoir besoin ; des délégués de l'œuvre, secondés par les frères des Ecoles chrétiennes, qui faisaient admirablement leur apprentissage d'infirmiers, les recevaient dans des lits bien préparés. Ils s'y reposaient, trouvaient des médecins pour les panser, des médicaments et la nourriture, et ne prenaient le chemin de l'hôpital ou le wagon qui les transportait dans leur pays que bien reposés et refaits.

« A ce moment, le palais de l'Industrie présentait un singulier spectacle. Dans ses vastes salles du premier étage, un hôpital destiné aux futurs blessés avait remplacé l'exposition des tableaux avec ses lits en fer, ses matelats en varech et la literie la plus complète et la mieux ordonnée. Au haut des escaliers et sur leurs marches se tenait le bureau médical, où venait s'enrôler le personnel des ambulances ; dans les rez-de-chaussées et les cours, s'ouvraient d'immenses magasins renfermant d'énormes ballots remplis de dons de toute nature, des tonneaux de vin de toute provenance, une lingerie où s'accumulaient des montagnes de chemises et de linge à pansement. Les cours étaient transformées en écuries et en remises, où en plein air les chevaux et les voitures marquées de la croix rouge attendaient l'heure du départ. Puis au rez-de-chaussée, à côté de tous ces emblèmes, de tous ces engins de la charité, à chaque instant des fourgons du train apportaient les engins les plus meurtriers de la guerre. Des boulets, des bombes, des obus s'entassaient sous l'hôpital, pendant qu'un régiment de marins nouvellement arrivés de Brest faisait l'exercice et veillait aux portes, comme si on avait voulu réunir sous le même toit ceux qui font les blessures et ceux qui les guérissent, tout ce qui menace la vie et tout ce qui la protège et la conserve.

« Quelques jours avant la bataille de Sedan, l'impératrice, encore pleine de confiance, était venue au palais de l'Industrie, et avait été frappée de ce spectacle. Elle nous félicita beaucoup et remercia la Société de ce qu'elle faisait pour les pauvres soldats. La veille même du jour où arriva la nouvelle de la sanglante catastrophe, la maréchale de Mac Mahon nous avait réunis ; à la vérité, tout le monde espérait encore dans le courage et la fortune de son mari. Elle était gaie ; elle venait, me dit-elle, de recevoir un mot du maréchal, et c'était la première fois depuis son départ qu'il paraissait content et plein d'espoir. Deux jours après, l'impératrice et la maréchale avaient toutes les deux quitté la France en pleurant : l'une, pour aller partager l'exil d'un prince sur qui pesait la lourde responsabilité du malheur et de la ruine de son pays ; l'autre, pour aller soigner les glorieuses blessures d'un général en chef dont la défaite elle-même n'avait pu ternir l'honneur et la popularité. »

Chaque semaine d'abord, puis plusieurs fois la semaine, une ambulance était expédiée des bureaux du palais de l'Industrie. Chacune comprenait cinq à six voitures chargées de médicaments, de denrées alimentaires, d'instruments de chirurgie et d'objets de pansements. Les médecins, les ambulanciers et les aumôniers suivaient à cheval, au milieu des ovations de la foule.

Mais les défaites se multipliaient. La guerre se rapprochait. Au lieu de songer à envoyer des secours au loin, il fallut s'organiser pour recevoir les blessés qui arrivaient en foule. On chercha des logements. De toutes parts on demandait le brassard et la croix rouge, beaucoup par charité, d'autres dans un intérêt propre de conservation.

Melun avait pris toutes ses mesures. Tout était prêt aux environs des gares. Ce n'est pas à dire que les difficultés manquaient dans toute cette organisation d'ambulanciers et de gardes-malades. Il fallait ménager bien des susceptibilités et aux horreurs de la situation s'ajoutaient pour l'organisateur bien des déboires et des mécomptes. Mais son courage était à toute épreuve. Bientôt Paris fut menacé d'investissement. Il fallut songer à partir pour pouvoir conserver quelque influence sur l'organisation des secours. Melun se rendit à Lille où il organisa avec son frère un comité de secours qui réunit bientôt des ressources considérables. Melun constatait avec tristesse combien la joie du triomphe était pour les blessés allemands une source de vigueur pour leurs corps mutilés, tandis que nos soldats laissaient voir un profond découragement qui nuisait à leur guérison. Melun fut touché de l'empressement des nations étrangères à nous aider dans le soin de nos blessés. Mais son patriotisme souffrait profondément de voir que la France à cette heure d'épreuve et de tristesse avait besoin de compassion.

Il se préoccupait aussi des milliers de prisonniers

emmenés en Allemagne et cherchait le moyen de les soulager. La nouvelle de la capitulation de Paris lui arracha des larmes. Il n'était pas au bout de ses douleurs.

Après la guerre il retourna dans ses appartements qu'il trouva fortement endommagés. Mais cela n'était rien pour lui à côté du deuil de la patrie.

Ses œuvres le préoccupaient bien autrement. Cependant il dut encore attendre avant de s'en occuper activement.

La Commune était maîtresse. Après la guerre avec l'ennemi, il fallait être témoin de la guerre sociale, de l'émeute et de la révolte. Rien n'échappa à la fureur des communards. Sur un ordre du ministère de la guerre, l'ambulance du palais de l'Industrie fut mise au pillage. Paris fut livré aux flammes. Il y avait bien de quoi se décourager et succomber au désespoir. Mais Melun est plus fort que l'épreuve. Il prend de nouvelles résolutions et veut encore se dévouer, malgré les difficultés des temps et l'ingratitude des hommes.

Quand la Commune fut vaincue, Melun reprit la publication de la *Revue d'économie charitable* et lança un appel à ses anciens collaborateurs et amis. Le Pas-de-Calais le porta comme candidat aux élections de 1871. Mais il passait pour un réactionnaire et un clérical. Il fut battu. Il s'en consola facilement par la pensée de se dévouer à ses chères œuvres. Quand il put s'en occuper et passer la revue de ses patronages, il eut bien des consolations. Les jeunes apprentis et les jeunes ouvrières s'étaient montrés admirables pendant la guerre. Tous avaient persévéré dans la prière et la fidélité au devoir. Ils avaient travaillé activement au soulagement de la misère. Les jeunes filles avaient visité les pauvres et les malades pour leur porter les secours dont elles pouvaient disposer. Elles avaient confectionné des habillements et travaillé pour les blessés. Les fruits avaient été on ne peut plus abondants. Quand la Commune avait éclaté, elles s'étaient partagé orphelins et orphelines et maintenant elles les ramenaient aux religieuses avec une légitime fierté. Le récit de tous ces dévouements formerait un volume. M. de Melun en fit le sujet de son rapport à l'assemblée générale, l'année suivante. Rien de plus admirable que ce récit. Des enfants de 12 à 13 ans avaient donné l'exemple d'un courage étonnant et d'une foi courageuse. On croirait lire quelque récit de l'histoire des Catacombes.

M. de Melun cependant continuait à s'occuper des malheureux blessés. Il fit accepter la présidence de la Société de secours à M. le duc de Nemours en remplacement de M. de Flavigny, décédé. Il s'occupa ensuite de la multitude des enfants devenus orphelins par suite de la guerre et des horreurs de la Commune et il fonda *l'œuvre des enfants de Paris.* On y adoptait les orphelins de père et de mère. Le nombre atteignait 1,800. Il forma un conseil et organisa des quêtes. Plus tard le gouvernement se chargea des orphelins de la guerre. Il ne resta à l'œuvre que les orphelins de la Commune. L'œuvre perdit par là même beaucoup de sympathie. Mais M. de Melun marcha quand même et réussit. Madame la maréchale de Mac-Mahon en accepta même la présidence. La plupart de ces enfants se montrèrent dignes des soins qu'on leur prodiguait. Fort tapageurs quand ils arrivaient, on finissait à force de patience par les moraliser et en faire tout ce qu'on voulait.

Une lettre de l'archevêque de Paris porte à 500 environ le nombre des enfants ainsi recueillis. Quand l'œuvre eut achevé sa tâche en 1879 elle avait reçu 560,000 francs.

Il fallait assurément un courage bien trempé pour entreprendre une telle œuvre, y persévérer et la mener à bien. Mais M. de Melun était l'homme de tous les dévouements et pourvu qu'il y eut quelque bien à faire il ne se laissait arrêter par aucune difficulté, ni par la critique et les déboires inévitables à quiconque veut faire quelque chose avec les meilleures intentions,

CHAPITRE XII

M. de Melun, au moment même où il se dévouait tout entier pour les enfants d'autrui, allait être frappé lui-même dans le sien. Cet enfant qu'il avait demandé au ciel, qui était sa joie, son espérance et qu'il croyait lui avoir été donné pour être la joie de ses derniers jours, il allait le perdre. Prodigieusement intelligent, il promettait de faire honneur à son père. En attendant, celui-ci l'entourait d'affections et des soins les plus tendres. D'une nature riche, son âme était sensible dès le plus jeune âge à toutes les beautés de la nature. Dès qu'il sut lire, la lecture devint sa passion. Son cœur était grand et sa conscience limpide. Sa pieuse mère avait mis à le former toute sa tendresse et sa vigilance. Il semblait déjà avoir hérité de son père un grand amour du pauvre. On ne pouvait rien leur refuser devant lui. Il est vrai qu'il était à bonne école. Les quelques sous dont on récompensait sa docilité et son travail, ses jouets, son dessert, tout passait en aumônes. Dès l'âge de cinq ou six ans, ses parents le conduisaient à la visite des enfants pauvres. C'était une récompense qu'il avait fort à cœur de mériter. Déjà la charité pour lui était une religion et c'est avec un véritable respect pour le pauvre qu'il faisait ses

aumônes et il avait toujours soin de se découvrir
en leur donnant. C'était pour lui comme un besoin
de donner.

Sa piété était admirable. Rien de plus touchant et
de plus édifiant que de le voir s'acquitter de ses
prières. Quand il avait fait quelque faute, il l'avouait
avec droiture et la réparait avec la meilleure grâce.
Ces fautes étaient souvent des brusqueries qui
tenaient à l'impétuosité de son âge et de son caractère. Non seulement il voulait faire ce qui était bien,
mais déjà il cherchait à faire le mieux. Son père
s'était fait lui-même son précepteur et il lui ensei-
gnait le latin et l'histoire. Le rêve du père était de
faire de son fils l'héritier de ses œuvres et le conti-
nuateur de sa charité. C'est dans ce but qu'il entreprit pour lui les *Mémoires* de sa vie.

Mais l'enfant ne devait jamais les lire ; il devait
partir avant de pouvoir les comprendre, les appré-
cier et les mettre en pratique.

Lorsqu'il vit son fils si bien disposé à suivre la
voie paternelle, M. de Melun traça pour lui le programme suivant que Madame de Melun découvrit,
non sans émotion, parmi les papiers de son mari,
après sa mort :

« Pour toi, mon cher enfant, que ton activité, ton
intelligence ne condamneront pas à cette vie oisive
et si souvent inutile de l'homme qui vit de ses reve-
nus, la dépense à ses plaisirs et tue son temps à la
chasse ; toi à qui je souhaite l'ambition des grandes
idées et des grandes choses, je ne demande pas pour
toi les hautes dignités, les fonctions brillantes de
l'Etat, ce qui enrichit la cupidité, ce qui flatte
l'orgueil humain, ce qui après tout n'est que la ser-

vitude, la dépendance de tout et pour tout; mais je prie Dieu de t'inspirer la pensée de te dévouer aux œuvres, d'être l'homme des pauvres et de la charité. Là tu trouveras un aliment à ton désir d'agir, une application de toutes tes facultés, l'action dans la plus complète indépendance. Ne crois pas qu'il te faille renoncer pour cela à l'autorité et même à cette gloire qui résulte du respect des autres; ton influence, ta réputation grandiront avec tes œuvres; tu auras dans le monde, ce qui est rare et difficile, ta spécialité; tu seras aimé, consulté, par cela seul que chacun, à ses heures, veut faire du bien et a besoin d'un conseil et d'un guide. Et comme tu ne seras sur le chemin de personne, que tu ne feras concurrence à nulle prétention, tout le monde te tendra la main, et tu ne trouveras partout que bien-veillance et concours, mais à une seule condition, c'est que, te donnant exclusivement à ta carrière, tu ne voudras t'en faire ni un marchepied ni un pié-destal. »

En esquissant ce beau programme pour la carrière de son fils, M. de Melun n'avait-il pas tracé, à son insu, son propre portrait et le fidèle résumé de sa vie charitable ?

M. de Melun se souvenant des catéchismes de Saint-Sulpice les faisait suivre au jeune Joseph. Mais à la fin d'un hiver l'enfant contracta un rhume qui le mit au lit. Trois jours après la phtisie était déclarée. Il fallut préparer à la mort l'innocente victime et se résigner à ce douloureux sacrifice. L'enfant se con-fessa avec bonheur.

Durant un mois qu'il souffrit, il étonna par son admirable patience ses parents qui connaissaient la vivacité de sa nature. Quand la douleur devenait trop vive, il demandait un « Souvenez-vous » que son père et sa mère récitaient à genoux près de son lit, après quoi il devenait plus tranquille. Pour lui faire prendre un peu de nourriture, il suffisait de le lui demander au nom de la Sainte Vierge, de saint Joseph ou de l'Enfant Jésus.

On pensa à lui faire faire sa première communion. Sa mère lui en parla le 25 mars, fête de l'Annonciation. Il leva sur elle ses grands yeux et dit tranquillement : « C'est dans les maladies mortelles qu'on fait cela. » Puis, après un instant, il accepta de grand cœur. Il demanda à sa mère de lui parler de ce grand acte. L'enfant voulut demander pardon à tous les gens de la maison et les embrassa. Il communia le lendemain. Bientôt l'agonie commença, il reçut l'extrême-onction et la nuit suivante il exhala son âme, au milieu des siens agenouillés près de lui.

Durant cette maladie de l'être qu'il aimait le plus, Armand de Melun souffrit une torture inexprimable. Sa santé en reçut un coup dont elle ne se remit jamais. Ses plus chères espérances étaient évanouies.

Mais il ne perdit pas courage et n'ayant plus de famille, il en chercha une parmi les pauvres. En cette circonstance douloureuse la puissance de la foi lui fit sentir la force de consolation qu'elle donne et qu'elle seule peut donner. Cette épreuve trempa son âme déjà si forte.

L'infortuné père, déjà si éprouvé, souffrait à cette époque d'une maladie d'yeux qui causait des alarmes. Le souvenir de son cher enfant perpétuait

en lui une vive souffrance. Il chercha un soulagement dans la compagnie de son frère.

Malgré tout il était loin de se désintéresser des
affaires du pays. Mais ses idées devenaient de plus
en plus surnaturelles. Sa seule pensée était : Dieu,
la religion, l'Eglise. L'âme du pauvre et du peuple
était sa seule préoccupation. Il ne comprenait pas la
charité qui ne s'adresse qu'au corps sans aller
jusqu'à l'âme. Pour lui la charité devait être essentiellement religieuse.

———————

CHAPITRE XIII

Encore de nouvelles œuvres.

Melun, on peut le dire, était un véritable obstiné de la charité. L'iniquité avait beau grandir sans cesse, il avait foi dans la puissance de la charité.

« L'année 1874, dit-il dans ses *Mémoires*, s'annonçait sous de très tristes auspices : le travail manquait, et les quartiers pauvres étaient menacés de mourir de faim. On se réunit à l'Elysée, et on tomba d'accord que le moyen le plus rapide, le plus sûr, le plus économique de nourrir la population était la création, là où ils n'existaient pas, de *fourneaux économiques,* où, à l'aide de bons distribués au nom de l'œuvre nouvelle, l'ouvrier sans ouvrage et sans ressource trouverait du pain, du bouillon, de la viande et des légumes.

« Pour alimenter cette immense marmite, la maréchale de Mac-Mahon convoqua les directeurs de tous les journaux. Elle m'invita à l'accompagner à cette curieuse séance, et là, en termes simples, expressifs et partant du cœur, elle expliqua la nécessité, le but de l'œuvre, invitant tous ses auditeurs à lui prêter le secours de leur publicité. Chacun applaudit et s'engagea. Villemessant promit pour sa part que le *Figaro* aurait en peu de temps 100,000 francs, et tint parole. Le lendemain, la

BIBLIOTHÈQUE NATIONALE

souscription fut annoncée, prônée dans les journaux de toutes les opinions, qui racontèrent avec grands éloges la séance de l'Elysée ; et bientôt l'on put verser à la Banque de France, qui s'offrit à nous servir de caisse, plus qu'il ne fallait pour fournir aux besoins de la population nécessiteuse jusqu'au retour du beau temps et du travail.

« Le comité assigna à chaque arrondissement le nombre de fourneaux nécessaire, passa un traité avec ceux qui les dirigeaient, à raison de dix centimes par portion, et mit à la tête de chaque arrondissement un ou deux de ses membres pour présider à la distribution des bons. Chaque commissaire reçut proportionnellement à la population ouvrière de son arrondissement, avec mission de surveiller les fourneaux et les comptes avec le trésorier ».

Ce que M. de Melun ne dit pas, dans sa modestie, c'est que le succès de l'œuvre fut dû en grande partie à l'excellente organisation qu'il avait su lui donner, sans qu'il en coutât un centime au budget de l'Etat. Ce précieux résultat est attesté par une lettre intime adressée à l'une des collaboratrices habituelles de ses œuvres.

C'est dans ces conditions vraiment économiques, c'est par cette alliance féconde des pouvoirs publics avec la charité privée que M. de Melun a toujours voulu réaliser l'assistance des pauvres et le soulagement des familles ouvrières dans les années calamiteuses.

Ce fut la dernière grande œuvre charitable d'une vie qui en compte de si belles et en si grand nombre.

La question de l'enseignement était toujours le

terrain du combat. M. de Melun pour honorer les
frères des Ecoles chrétiennes s'occupa de l'érection
d'une statue au fondateur, le vénérable de la Salle.
On forma deux comités. Melun eut la direction de

celui de Paris. Les souscriptions affluèrent de tous
côtés et la statue fut érigée à Rouen le 2 juin 1875.
On jugea que c'était trop peu faire pour l'enseignement que d'ériger une statue. On s'occupa de faciliter le recrutement des vocations qui devenait difficile à cause du manque de ressources. *L'Œuvre du
vénérable de la Salle* fut chargée d'y pourvoir sous la

Les fourneaux économiques.

direction du même comité. De là, de nouvelles souscriptions et un nouvel appel à la générosité. On organisa des comités, des groupes de zélateurs et zélatrices et on créa un bulletin trimestriel.

Ces appels furent entendus. A la fin de l'année 1879, l'Institut comptait 24 petits noviciats et 1,060 petits novices. L'œuvre avait reçu en quatre ans plus de 1,260,000 francs. Ce secours était on ne peut plus opportun. La guerre était déclarée entre l'enseignement de l'Etat et celui de l'Eglise, entre la libre pensée et la foi chrétienne. Les frères étaient expulsés des écoles municipales, sans doute à cause de leur supériorité dans tous les concours primaires.

En même temps on s'occupait de la création d'Universités catholiques pour bénéficier de la loi sur l'enseignement supérieur qui venait d'être votée. M. de Melun avait largement concouru à la préparation de cette loi. Aussi fut-il heureux de la voir enfin acceptée. L'Episcopat fit entendre d'énergiques appels à la charité catholique, car il fallait des millions. M. de Melun travailla surtout à la création de l'Université de Paris. Il s'occupa aussi de celle de Lille à laquelle son frère, député du Nord, prêtait l'appui de son zèle et de son dévouement.

Non seulement M. de Melun s'occupa des pauvres par les œuvres de charité, mais son zèle apostolique fit qu'il ne refusa jamais un conseil à qui que ce soit. On s'adressait à lui avec sécurité, avec une confiance absolue. Sa réserve, sa délicatesse, son honnêteté, sa droiture et la maturité de son jugement inspiraient à tous le respect. Ses lettres sont de véritables lettres de direction.

Assurément dans la plupart de ses lettres la charité occupe une large place, mais aussi quelle piété, quel esprit surnaturel dans ses moindres avis auxquels malgré tout il sait donner une forme agréable, délicate et souvent même très pittoresque et de la meilleure originalité. Il sait profiter de toutes les occasions, de toutes les douleurs comme de toutes les joies pour arriver jusqu'aux âmes. Il sait traiter tous les sujets : l'éducation des enfants, l'école, l'établissement des enfants, l'avenir des filles, la carrière militaire, la carrière des lettres et donner à tous une ligne de conduite sûre. Mais son sujet de prédilection est la charité, et avec quelle complaisance il y revient! Son ambition était de rendre tout le monde heureux autour de lui.

CHAPITRE XIV

A la suite de son mariage M. de Melun avait pris l'habitude de passer une grande partie de la belle saison au village de Bouvelinghem, entre Saint-Omer et Boulogne, où se trouvaient les propriétés de sa belle-mère. Ce village n'est guère qu'un hameau d'une cinquantaine de maisons. A cette époque les maisons étaient des chaumières. L'église était une ruine. Le village n'avait ni école, ni route, ni débouchés. Aujourd'hui, tout est changé. Personne ne reconnaîtrait le hameau d'autrefois à la vue de la belle église gothique, des chemins, de l'école, des maisons neuves. Le hameau est devenu un des plus riants villages de l'Artois et il le doit à M. de Melun.

En 1865 il avait été nommé maire de ce village. Il l'administra jusqu'à son dernier jour. Il accepta même cet honneur ou plutôt cette charge par le seul désir d'être utile à ces braves gens et on voit qu'il y avait fort à faire. Il commença par la transformation du pays. Il parait lui-même de sa bourse aux premiers frais. Il dut se procurer des ressources par une intelligente administration des biens communaux et bâtit ensuite l'école dont la première pierre fut posée le 29 juin 1869. Que de démarches, que de lettres pour en arriver là!

Il menait de front tous les travaux en même temps. Il n'y avait pas de chemins, il en fit faire. L'eau manquait dans le village, il fit creuser un réservoir capable de recevoir et de garder l'eau en toute saison. Qui eut pu croire quand on le voyait chaque jour parmi les ouvriers et les terrassiers dirigeant les uns, encourageant les autres, que cet homme dirigeait

à Paris des œuvres si nombreuses et si considérables ?

Ce dévouement rehaussé d'un sentiment de foi, le conduisit à entreprendre un plus grand et plus religieux ouvrage. Ce fut lui et sa femme, aidés d'une subvention du gouvernement, qui se chargèrent de la construction de l'église. L'entreprise fut commencée au mois de mai 1869, mais la guerre fit tout ajourner. Après la tourmente on se remit à l'œuvre.

On le voyait chaque jour parmi les terrassiers.

On voulait d'abord ne faire qu'un travail de restauration. Quand le chœur fut achevé et qu'on l'eut doté d'un magnifique autel, on voulut aller plus loin et refaire la nef et la tour. Les travaux se poursuivaient et tout s'annonçait bien.

Cependant Melun n'était pas sans désagréments. Propriétaire de tous les bois il devait souvent, par respect pour la justice, consentir à des procès dont il souffrait le premier. Mais tout finissait le plus souvent par un pardon.

Un jour son chagrin fut plus profond. Des malfaiteurs s'introduisirent chez sa belle-mère, fouillèrent un meuble où elle plaçait son argent et ne le trouvant pas, emportèrent le meuble dans un champ voisin pour le fouiller plus à leur aise. L'argent avait été retiré quelques jours auparavant. Melun fut contristé de la chose et voulait même s'enfuir de ce pays ingrat. Mais comme il voulait avant tout le régénérer, il resta.

Les travaux de l'église avançaient. Les chemins et le réservoir étaient terminés. Le conseil municipal votait à l'unanimité les propositions de son maire. Un jour pourtant, au mois de février 1876, Melun ayant demandé d'être nommé délégué pour l'élection des sénateurs, on lui préféra un conseiller qui désirait aller ainsi gratuitement faire visite à un parent sur la route d'Arras où se faisait le vote. Les habitants indignés lui offrirent leurs excuses. Melun eut la tentation de donner sa démission. Il eut le bon sens de ne pas le faire. On allait avoir bientôt besoin plus que jamais de ses services et d'ailleurs il ne faisait pas le bien pour obtenir la reconnaissance des hommes.

M. de Melun était retourné à Bouvelinghem. Il y goûtait un repos bien mérité, en remplissant les faciles devoirs de sa vie rurale, lorsqu'une soudaine catastrophe vint mettre à l'épreuve son dévouement et la frêle santé de Madame de Melun. Mais laissons-le raconter lui-même ce triste évènement :

« Le 22 mai 1876, à trois heures de l'après-midi, on vit tout à coup une fumée noire s'élever dans les airs à une extrémité du village, et on entendit crier : « Le feu est au bout d'amont ! » Je m'y rendis aussitôt. C'était déjà une sorte de fournaise ardente où l'on entendait, à travers le bruit sourd de l'incendie, craquer les poutres et crépiter les pailles qui flambaient. En un instant, poussées par un vent furieux, les flammèches atteignirent toutes les toitures de chaume à plusieurs centaines de mètres de distance ; favorisé par une sécheresse qui durait depuis plus d'un mois, le village entier fut enflammé sans qu'on eût le temps d'y jeter un seau d'eau.

« Trois heures après, il ne restait debout que l'église qui s'achevait, l'école, le presbytère et le château, dont les constructions plus solides, les murs en pierre ou en briques et les toits en ardoises résistèrent à l'atteinte du feu ; tout le reste, à l'exception de deux ou trois maisons écartées, était à terre, et le soir, lorsque les pompes du chef-lieu arrivèrent, elles ne purent éteindre que des ruines fumantes et des débris enflammés. »

Jamais M. de Melun ne s'était trouvé en présence d'une aussi grande misère, d'un malheur aussi difficile à réparer. Eh bien ! sa charité pourvut à tout par des merveilles d'activité et de dévouement.

Sa propre demeure servit de premier refuge aux

incendiés. Il fallait nourrir toute cette foule. Il fit
appel aux villages voisins. Il écrivit à tous les maires
de son canton et à ses innombrables amis de Paris
et de France. Les ressources affluèrent entre ses
mains. Il recueillit ainsi de soixante-une communes
du département 15,500 francs, des ballots de cou-
vertures et des vêtements. En peu de semaines il
recueillit une somme de plus de 60,000 francs. Il
travailla dès lors à la reconstruction de sa commune.
Il obtint une compagnie de soldats pour déblayer le
sol, et le préparer à recevoir les constructions nouvelles. Puis vint une compagnie de soldats maçons
et charpentiers. On construisit en pierre et en
brique pour prévenir un pareil malheur dans la suite.

Enfin en quelques mois les maisons étaient recons-
truites. Il s'occupa alors des granges et des étables.
Il lui restait des fonds suffisants pour ces accessoires.
Mais il eut bien à lutter et à user de fermeté et de
patience pour faire la distribution des secours. Rien
ne fut capable d'arrêter son zèle.

A force d'instances et de démarches il obtint
même la promesse d'une gare à proximité du village. Il était heureux de son entreprise. Mais ce
bonheur lui coûtait la santé de sa femme et aussi la
sienne, sans qu'il s'en doutât encore. Les émotions
et la fatigue avaient brisé Madame de Melun. Une
bronchite se déclara et M. de Melun craignit beaucoup pour la vie de sa chère compagne. Aussi quand
elle fut un peu rétablie il dut partir pour le Midi,
afin de lui procurer un climat plus doux et le repos
qui s'imposait. Lui-même était atteint profondément,
à son insu. Mais rien n'arrêtait son dévouement.

Aujourd'hui Bouvelinghem est un coquet village,

dont les maisons et l'église annoncent la jeunesse. C'est l'œuvre de Melun. Seule, une maison modeste atteste plus d'ancienneté : c'est celle de l'homme de bien qui a ressuscité ce pays.

M. de Melun en allant ainsi séjourner dans le Midi cédait devant la nécessité, car il lui en coûtait beaucoup d'abandonner ses œuvres et ses amis. Il eut bien soin de prendre d'avance toutes ses mesures pour que ses chères œuvres n'eussent pas à souffrir de son absence. En parcourant les différentes lettres par lesquelles il charge ses amis ou ses parents des différents services auprès des pauvres, on croirait lire son testament.

Aux derniers jours d'octobre 1877 M. et Mme de Melun arrivaient près de Montauban, chez des amis dévoués, où les attendait une hospitalité vraiment fraternelle. Le repos et le soleil firent du bien à la malade. On profitait du beau temps pour faire de petites promenades. Le but de ces promenades était la visite d'établissements de charité fondés par des amis. M. de Melun avait l'humilité de trouver petites ses œuvres parisiennes à côté de celles qu'il visitait.

Toute la famille descendit de là près de Carcassonne dans un autre château admirablement situé, dans une large vallée, avec les Cévennes d'un côté et les premiers contreforts des Pyrénées de l'autre. Mgr de la Bouillerie, évêque de Carcassonne, heureux de revoir des amis, leur fit les honneurs de sa ville épiscopale. Mais ce qui surtout excitait l'enthousiasme de Melun c'était l'épanouissement des institutions charitables dans le village et autour du château de ses amis.

Un jour M. de Melun vit arriver vers lui un capucin, frère quêteur, qu'il eut quelque peine d'abord à reconnaître sous sa longue barbe, sa robe de bure, sa ceinture de corde et ses sandales monastiques. Celui qui maintenant s'appelait frère Théotime était un Artésien que Melun avait autrefois attaché à son service et dont Mgr de Ségur avait aidé la vocation. Ce fut pour Melun un grand bonheur de le revoir et il remercia vivement la Providence qui sait si bien tirer parti des bonnes volontés.

Au mois de novembre Melun partit pour Cannes où une de ses amies et présidente d'une œuvre lui offrait l'hospitalité. Malgré tous les charmes de la belle nature et de l'amitié la plus cordiale, il ne pouvait s'empêcher de regretter ses chères œuvres de Paris. Il se reportait vers elles à cette heure où les conseils commençaient à se réunir pour préparer les budgets et distribuer les travaux de charité. « Je sais, écrivait-il, que toutes ces institutions n'ont pas besoin de moi ; mais j'ai besoin d'elles, et aussi, besoin de vivre, au moins par la pensée, avec ceux que j'aime. »

Malgré son éloignement il était loin de se désintéresser des associations dont il était le chef. A cette époque les administrations hospitalières, de Paris en particulier, menaçaient d'expulser les sœurs des hôpitaux. Melun poussa ses amis à s'employer vivement auprès du pouvoir public pour prévenir ce malheur.

Incapable de se passer d'activité charitable, il entra dans les œuvres établies soit à Cannes, soit à Nice.

De plus en plus son âme se portait vers le ciel. Pour occuper ses loisirs forcés que commandait le

soin de sa pieuse femme malade, il voulut repasser
du regard toute sa carrière. Elle était déjà longue.
L'année qui s'ouvrait cet hiver, était, de son âge, la
soixante-dixième. Il lui sembla que quelques pages
intimes, confidentielles sur les expériences de sa vie

de charité, pourraient être à la fois et une action de
grâces envers Dieu, et une direction utile pour ceux
de ses frères qui voudraient marcher dans les
mêmes sentiers. Il y voyait aussi un moyen de se
retrouver parmi les œuvres de sa jeunesse ; car
« se souvenir, a dit quelqu'un, c'est presque recom-
mencer. »

Sa propre demeure servit de refuge aux incendiés (page 106).

Il reprit donc ses *Mémoires,* qu'il croyait écrire pour lui seul et ses plus intimes amis et qui devaient faire l'admiration du monde chrétien.

Malgré que sa piété fut profonde, M. de Melun, par suite de l'esprit de l'époque à laquelle il avait appartenu dans sa jeunesse, se bornait à communier quatre ou cinq fois l'année, aux principales fêtes. Et pourtant à cause de sa justice même son âme avait faim et soif de la vie eucharistique. Personne n'en était plus digne que cet homme qui avait mené constamment dans le monde la vie d'un chrétien de l'âge d'or de l'Eglise, qui était un apôtre de la charité, qui était un strict observateur de toutes les prescriptions de la pénitence catholique, un zélateur régulier de la vie de piété, un ami fidèle et assidu du tabernacle.

Un vicaire de Cannes auquel M. de Melun s'était confessé dès le commencement du carême, dans la seule pensée d'une préparation éloignée à la communion pascale, l'exhorta fortement à communier tous les dimanches de la sainte quarantaine. M. de Melun était dans l'allégresse et c'est avec le plus grand bonheur qu'il communia cinq fois du mercredi des Cendres au lundi de Pâques.

Ses forces allaient chaque jour en faiblissant. Il éprouvait une fatigue intense au retour de ses promenades. On le voyait qui pâlissait. Mais l'âme restait forte et la conscience sévère. Au carême suivant, il fallut l'insistance de Madame de Melun, pour le déterminer à ne pas jeûner cette fois, en considération de ses soixante-dix ans. Mais elle ne put obtenir l'autorisation de demander pour lui la dispense du maigre.

Dans la pensée que le malaise dont il souffrait était causé par la nostalgie de ses œuvres, Madame de Melun, pour l'arracher au désœuvrement de Cannes, l'envoya se distraire quelques jours, près de Marseille, chez d'excellents amis, dont le bon accueil parut en effet lui avoir fait oublier sa souffrance.

De son côté M. de Melun se désolait de l'état de santé de sa femme. Heureux pourtant de constater un peu d'amélioration, il la laissa près de Montauban, chez des amis, et courut à Paris où ses œuvres le rappelaient. Il se lança de nouveau dans le tourbillon. La société de secours aux blessés projetait une exposition ; l'œuvre des Apprentis lui demandait d'organiser sa vente de charité. Mais il lui fallut bien avouer qu'il était souffrant. Quand, après un mois de courses et de travaux sans relâche, il vint retrouver sa femme, il était méconnaissable. Madame de Melun en fut atterrée. Elle appela un médecin qui, l'examinant de près, découvrit une tumeur près de l'estomac. Ce mot détruisit toutes ses espérances, elle entrevit l'issue fatale. Il ne lui resta qu'une seule illusion : celle d'un long avenir de souffrances pour lui, avec la consolation pour elle, de les soulager en lui prodiguant ses soins.

L'illusion dura peu. M. de Melun sortait encore, mais en se traînant avec peine et en s'asseyant souvent au bord du chemin. Il comprit sa situation et s'inclina doucement sous la volonté de Dieu.

Il rentra à Paris, très fatigué, dans les premiers jours de juin. Sa vie dès lors ne fut plus qu'une descente rapide vers le tombeau. Dès le lendemain le médecin déclara le mal incurable sans croire que l'heure finale fût si rapprochée.

CHAPITRE XV

MORT ET FUNÉRAILLES.

Le médecin avait en vain prononcé quelques paroles rassurantes devant son malade ; M. de Melun se rendait un compte exact de sa situation. Etant seul avec sa femme, il lui disait tranquillement : « Je vais mal, bien mal : à mon âge, on a déjà fourni une longue carrière... il faut bien se soumettre. » Et comme Madame de Melun absorbée par les soins de son mari semblait aller beaucoup mieux, il répondait à ceux qui lui parlaient de sa santé : « Ah ! moi, je vais très mal ; mais je suis bien content, ma femme est guérie. »

Cependant la maladie lui permettait encore de lire, d'écrire, de converser avec ses bons amis. Il fit même, le 10 juin, une promenade en voiture au jardin des Tuileries, où il s'assit sous les arbres. Mais au retour, incapable de monter son escalier, il fut obligé de se coucher sur les marches, d'où, après quelques minutes d'un repos nécessaire, il se traîna avec effort et soutenu sur un bras jusqu'à son appartement. Ce fut sa dernière sortie.

Le vendredi 15 juin on l'emmena à Passy, dans l'espoir que le calme et le bon air lui seraient plus salutaires que les chaleurs de la ville. Une dizaine de marches conduisaient de sa maison au jardin. Le jour de son arrivée, M. de Melun fit l'effort de les descendre et de les remonter avec l'appui de deux bras ; il ne tenta plus cet effort.

Ce même jour, tandis que la voiture qui devait l'emmener attendait à la porte, M. de Melun écrivit une lettre de recommandation pour une pauvre femme qui réclamait un secours de la Miséricorde. Il lui remit une carte portant sa nouvelle adresse, pour qu'elle pût l'informer de l'issue de ses démarches. C'était dix jours avant sa mort.

Son frère venait d'accourir de Brumetz pour lui apporter la consolation de sa présence. Ses nombreux amis, les auxiliaires de ses œuvres, les sœurs de Charité, les frères des Ecoles chrétiennes venaient l'entretenir de ses chères œuvres. En le trouvant si vivant par l'intelligence et par le cœur, personne n'aurait pu croire à sa mort prochaine, si l'altération de ses traits n'avait décelé les ravages du mal.

Le mardi 19, il reçut la visite de M. Hamelin, curé de Sainte-Clotilde qui dirigeait sa conscience et resta seul avec lui. Sans croire que le danger fût encore imminent, M. de Melun lui demanda d'entendre sa confession. Il se confessa assis dans son fauteuil. Quand le prêtre fut sorti, il témoigna gaiement sa satisfaction de s'être mis ainsi en règle et son espoir de faire prochainement la communion.

Il reçut le même jour Mgr Richard, coadjuteur de Paris. Monseigneur lui exprima les regrets affectueux du cardinal Guibert qui, appelé à Rome, avait dû partir sans avoir eu le temps de lui faire visite. Son Eminence avait promis de demander au Souverain Pontife une bénédiction particulière pour son cher diocésain.

Le jeudi 21, M. l'abbé Gardez, vicaire de la paroisse, vint parler au malade du divin viatique. M. de Melun en fut heureux : « Demain, dit-il, à sa femme, M. l'Abbé m'apportera le bon Dieu ! »

Vers le soir, sa tête s'embarrassa. On s'en fut chercher M. le curé de Passy. L'extrême-onction lui fut donnée ; après quoi il tomba en somnolence. Il ne se réveilla plus guère qu'en présence de la sainte communion. C'était le vendredi à sept heures. Le prêtre l'exhorta à faire le sacrifice de sa vie. M. de Melun l'offrit de tout son cœur en se remettant, lui et les siens, entre les mains de Dieu et s'unissant aux prières qu'il répétait avec une grande piété.

Sa femme lui dit : « Maintenant que le bon Dieu est venu vous visiter, n'êtes vous pas bien content ? » Sa figure s'illumina, son sourire s'épanouit et il répéta à plusieurs reprises : « Oh ! oui, je suis content, bien content, bien content ! » Ce furent ses dernières paroles. Il entrait dans une douce agonie. A plusieurs reprises quand on lui proposait de faire une prière, il s'efforçait de suspendre sa respiration, afin de s'unir aux saintes paroles.

Cet état dura deux jours entiers. On eut dit qu'il attendait pour rendre le dernier soupir, que le Saint-Père lui eut envoyé la bénédiction promise par le Cardinal. Elle arriva le samedi vers dix heures du soir. Maintenant il pouvait mourir.

Il rendit sa belle âme à Dieu le lendemain matin dimanche 24 juin, à six heures et demie, à l'heure de l'Angelus.

Le 26 ses obsèques furent célébrées dans l'église Saint-Honoré d'Eylau. Mgr Richard présidait. Le clergé de Paris, les grandes ordres religieux, les

frères des Ecoles chrétiennes, toutes les sociétés et
institutions charitables étaient représentés par leurs
premiers chefs dans cette église remplie des autorités politiques et sociales de la France.

Les piliers portaient, inscrites sur de blanches

bannières, les principales œuvres fondées ou patron-
nées par Armand de Melun.

Le corps fut transporté ensuite à Bouvelinghem
où l'inhumation devait avoir lieu. Lorsque le 29 juin
vers quatre heures du soir, la dépouille mortelle d
M. de Melun arriva dans sa commune, elle trou
population tout entière, accourue à sa re
la distance de plus d'une lieue sur l

Le prêtre l'exhorta à faire le sacrifi   age 114).

foule fut telle que plus de trois cents personnes durent assister à l'office en dehors de l'enceinte, dans le cimetière du village. Le lendemain dimanche, fête annuelle du pays, toutes les maisons restèrent dans le silence et le deuil, nulle réjouissance publique ne vint contraster avec la douleur générale. C'était le plus bel hommage qu'on put rendre à la mémoire de ce chrétien et de ce père.

A quelques jours de là, le 29 juillet, environ deux mille jeunes gens, représentants des vingt-huit associations d'apprentis et de jeunes ouvriers établies dans Paris, assistaient dans l'église Sainte-Geneviève à un service solennel célébré pour leur fondateur défunt. Trois cents d'entre eux s'approchèrent de la sainte table. A l'issue de la messe, M. l'abbé d'Hulst, directeur général de l'œuvre, leur adressa la parole : « Mes amis, dit-il, de nombreux et glorieux témoignages ont été rendus à M. de Melun, mais aucun n'a autant honoré sa mémoire que votre réunion de ce matin. Cette réunion chrétienne est l'œuvre de sa vie ; elle est sa couronne dans la mort... »

Quelque temps après, au pèlerinage général de l'œuvre à la chapelle de Drancy, Mgr de la Bouillerie, coadjuteur de Bordeaux, disait de son ami : « Armand de Melun qui fut un de mes plus chers amis, a été donné à ce siècle pour ranimer de son souffle le feu sacré de la charité catholique... J'ai rarement connu une intelligence plus charitable et une charité plus intelligente... »

Dans l'assemblée générale des œuvres de la jeunesse tenue à Passy, le 5 mai 1878, M. Chesnelong, sénateur, lui rendit un glorieux témoignage :

« C'était un grand chrétien dans toute l'acception du mot. Il avait au plus haut degré le sens de la vérité et le sens de la charité. Il puisait sa force dans les inébranlables convictions de sa foi ; il trouvait sa joie à se dévouer jusqu'au sacrifice... Vous êtes son œuvre, Messieurs ; vos trente-quatre patronages fréquentés à Paris par trois mille cinq cents jeunes gens, vos quatre-vingt-douze patronages fréquentés par douze mille jeunes filles, sont le fruit de ses sueurs... »

Le vicomte Armand de Melun repose aujourd'hui dans l'église qu'il a reconstruite, auprès de sa fille et de son fils, sous une chapelle où lui-même s'était préparé une tombe. Un beau vitrail y représente le dernier soupir de saint Joseph, le patron de son enfant, le patron de la sainte mort. L'image du Sacré-Cœur en surmonte l'autel et au dessous on lit sur le marbre, cette inscription rappelant quelques-unes des œuvres qui l'ont suivi devant Dieu :

> *Le Seigneur lui dit : J'ai sanctifié cette maison que tu as bâtie, afin que j'y établisse mon nom à jamais et mes yeux et mon cœur seront là tous les jours.*
>
> (III Rois, ix, 3).

ICI

REPOSE LE CORPS

DE ARMAND MARIE JOACHIM

VICOMTE DE MELUN

NÉ LE 24 SEPTEMBRE 1807

MORT DANS LE SEIGNEUR

LE 24 JUIN 1877

LE VILLAGE DE BOUVELINGHEM

RELEVÉ PAR SES SOINS

APRÈS L'INCENDIE QUI LE CONSUMA

LE 22 JUIN 1876

LES PAUVRES QU'IL A AIMÉS, SECOURUS ET SERVIS

LES ENFANTS DONT IL A MORALISÉ ET PRÉSERVÉ LA JEUNESSE

LES AMES QU'IL A SAUVÉES

CONSERVERONT SA MÉMOIRE

Maintenant l'homme de bien a reçu le prix de ses œuvres. Sa vie a été merveilleusement remplie, féconde et utile. Sa mort a été celle d'un saint et le digne couronnement d'une vie admirable. Armand de Melun demeure pour la postérité la gloire du XIXe siècle, de la France et de l'Eglise catholique.

TABLE DES MATIÈRES

Abbeville. — Imprimerie C. PAILLART.

BIBLIOTHÈQUE NATIONALE R.F. IMPRIMÉS

www.ingramcontent.com/pod-product-compliance
Lightning Source LLC
LaVergne TN
LVHW050628060726

842527LV00004B/1232